DER INNERE SCHLAF

HENNING VON GIERKE

DER INNERE SCHLAF

EDITION BRAUS

FÜR ISABELLA

Wer sich mit Kraft und Zuneigung, der Idee und dem Detail zuwendet wie Gierke, findet einen Ausschnitt menschlicher Existenz, ausformend und sich bildend.

Dieses Buch lesen, die Folgen der Bilder sehen, und den Atem wahrnehmen, die große Bewegung in Gierkes Arbeit, ein unüberhörbares Reden mit dem eigenen Selbst, das keinen Aufschub duldet. J. W. Müller

Die Antworten habe ich alle, aber die Fragen stellen sich mir nicht. H. v. G.

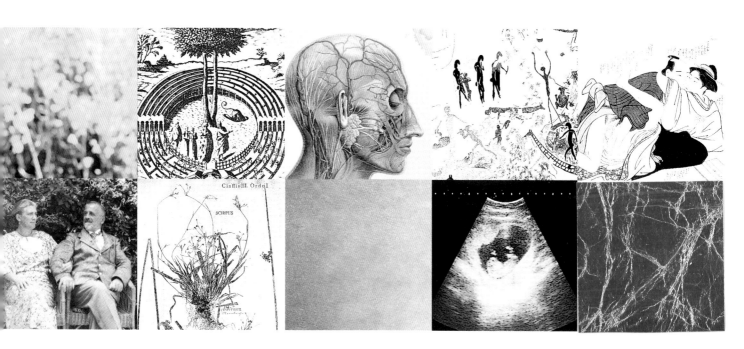

Vorwort

Kapitel I	Kapitel II	Kapitel III	Kapitel IV	Kapitel V
Die Achtung	Selbsterkennen	Leidensfähigkeit	Bildersuche	Lust
Aussöhnung	Der innere Schlaf	Erhalten	Liebe	Der klare Weg
Kapitel VI	Kapitel VII	Kapitel VIII	Kapitel IX	Kapitel X

Kapitel XI

Zehn
Gebote

Anhang

ANTWORTEN OHNE FRAGEN

Ein Weg durch
Henning von Gierkes
Inneren Schlaf

Als mich Henning von Gierke bat, die Einführung zu diesem Buch zu schreiben, habe ich spontan zugesagt. Ich hatte vor Jahren schon einmal über eine Auswahl seiner Bilder und Möbel geschrieben. Schon damals fand ich einen seltsam guten Zugang zu den Bildern, einen Zugang, der eher einer inneren Gemeinsamkeit entsprang als einer analytischen Betrachtungsweise.

Bei der Durchsicht des Bildmaterials, das in diesem Band versammelt ist, stellte sich jene alte harmonische Gestimmtheit wieder ein. Irgend etwas veranlaßte mich, nicht länger mit Henning von Gierke über seine Absichten und die dahinterstehenden Ansichten zu sprechen, auch nicht über den enigmatischen Titel und den ganz eigenen Aufbau dieses Buches. Ich wollte selbst herausfinden, mit welchen Korrespondenzen ich es hier zu tun habe. Ich unternehme also nicht den Versuch, hier eine Gebrauchsanweisung vorzulegen. Ich möchte vielmehr *meine* Wege nachzeichnen, die mich zu *meinem* Zugang zu diesem Werk geführt haben. Der Zufall will es, daß ich mich mit dem Werk Gierkes in einer Zeit beschäftige, in der ich sehr offen bin für einige rote Fäden, die sich durch unsere Geschichte, die reale wie die geistige, bis in die Gegenwart hinein spinnen.

Vor wenigen Wochen hatte ich mit Archäologen und Religionswissenschaftlern die geheimnisvollen Stätten im alten Jerusalem besucht. Unter meinen Begleitern war auch einer, der sich in Vorbereitung für einen halbdokumentarischen Film mit dem Verbleib des verschwundenen Schatzes aus dem von Titus im Jahre 70 eingeäscherten Tempel des Herodes beschäftigte. Kurz darauf besuchte mich eine meiner ehemaligen Studentinnen, die ebenfalls für einen Film auf Schatzsuche war. Sie folgte – wie so viele andere auch – den Spuren des Gral. Nicht wenige ernstzunehmende Forscher versuchen ja zu behaupten und zu belegen, daß der Gral zusammen mit dem Schatz der Juden noch immer in der Obhut der Templer sei und nur deshalb nicht »veröffentlicht« werde, weil die Zeit noch nicht reif sei, die nichtmateriellen Geheimnisse des Schatzes preiszugeben, weil sie die Grundfesten des christlichen Abendlandes erschüttern würden.

Natürlich habe ich die beiden Jäger des verlorenen Schatzes zusammengebracht und auch selbst mehr in der Materie herumgeschnüffelt. Fasziniert konnte ich feststellen, daß von den Hütern der Geheimnisse stets gefordert wird, die Ausmaße des Werteverfalls in den letzten Jahrzehnten zu erkennen und durch Offenlegung der verborgen gehaltenen Zusammenhänge eine grundlegende Reformation des christlichen Glaubenssystems einzuleiten – das Ziel ist, neue Grundwerte in die heutige Gesellschaft einzuführen. Gerade in die Zeit solcherlei Beschäftigungen fiel der Besuch Gierkes. Als er mir seine Arbeitsbände zeigte, die diesem Buch zugrundeliegen, fiel mir zuerst die kühne Struktur auf. Sie enthüllt sich im 11. Kapitel, das die vorangehenden als Zehn Gebote erklärt. Ehe die graphisch gestaltete Seite mit dem Inhaltsverzeichnis dies preisgibt, steht auf einer sonst leeren Seite der gewichtige Satz »Die Antworten habe ich alle, aber die Fragen stellen sich mir nicht.« Der Satz ist deutlich mit H. v. G. gekennzeichnet. Einst hätten dieser Satz und die darauffolgende Formulierung persönlicher Zehn Gebote die Inquisition alarmiert und den Autor/Künstler möglicherweise auf den Scheiterhaufen gebracht, zumal eines der Gebote »Lust« heißt und ganz offenbar die fleischliche Lust meint. Auf das Wertesystem, das Henning von Gierke für sich in seinen Zehn Geboten entwirft, werde ich noch zurückkommen. Zuvor möchte ich auf ein paar durchgehende Motive in den Arbeiten des Künstlers aufmerksam machen, die mir aufgefallen sind und die sich auf historische Zusammenhänge zurückführen lassen.

Im Kapitel zum Selbsterkennen findet sich der brennende Dornbusch ebenso wie das Labyrinth im hermetisch verschlossenen leeren Raum, im Wasser, im Feld mit dem rätselhaften Hinweis auf die »heilige Hochzeit« sowie auf den Torbogen, durch den der klare Weg führt. Der Titel ist doppeldeutig. Man durchschreitet den All-Eingang im Alleingang.

Das Kapitel zur Leidensfähigkeit wird von zwei Bildern, der »Madonna lactans«, der milchspendenden Jungfrau eingeleitet und erinnert uns an eine der geheimnisvollsten Substanzen der aus der ägyptischen Antike stammenden Alchemie, notwendig zur Herstellung der legendären *prima materia*. Noch erstaunlicher wird es, wenn wir wenige Seiten später eine Pieta mit vertauschten Rollen finden. Wird hier auf die Theorie angespielt, daß Jesus Christus am Kreuz nicht gestorben sei und hier die tote Mutter beweint? Gierke sagt nein; ihm gehe es vielmehr um das Mysterium der traditionsgemäß jugendlich dargestellten Maria – der ewigen Mutter gleichermaßen – die ihren erwachsenen Sohn beweine…

Warum tauchen die Sternbilder und die Konstellationen der Gestirne gerade im Kapitel IV Bildersuche auf? Warum finden wir gerade hier Berge, deren Form unzweifelhaft an jene der Pyramiden erinnert, welche von den Erkenntnissen aus Astronomie und Astrologie der ägyptischen Baumeister bestimmt ist, Erkenntnisse, die auch beim Bau von Kathedralen, manchmal sogar von Festungen des Mittelalters eine bestimmende Rolle spielten? Daß solche Anspielungen kein Zufall sind, scheint eine diesen Bildern folgende Werkgruppe unter dem Zwischentitel »Landschaft mit Vergangenheit« zu belegen, denen der vielleicht programmatische Seufzer des Künstlers vorangestellt ist: »Könnte man nur die Spuren sehen, wie die der Kelten und Germanen, die der Römer und Franzosen!« Warum auch die Franzosen? Nur wegen ihrer kurzen Besatzungszeiten in den Ländern ihrer östlichen Nachbarn? Oder vielleicht, weil ihre Spuren im Kontext der alten Bünde und Verwahrungsorte der großen Geheimnisse der Geschichte so rätselhaft und fast unleserlich sind?

Noch deutlicher erscheint mir in diesem Zusammenhang das Kapitel zu dem Gebot der »Aussöhnung«. Hier werden die Prinzipien der langfristigen Geschichtsläufe auf die jüngste Vergangenheit und die Gegenwart projiziert und postuliert. Die Aussöhnung der Generationen wird zum Gebot. Das Bett der Lust und des Schlafes stellt sich als Strom, als Strom der Zeiten im Sinne des griechischen »panta rhei« – alles fließt – dar. Hier ist auch die Mündung des Stromes, der die Königskinder trennen mag, angesiedelt. So finden sich im zentralen Kapitel zum Gebot des Inneren Schlafs, nachdem sich der große Schatten, der an den schwarzen Stein der Alchemisten und den in Mekka real existierenden erinnert, gelichtet hat, die einheimischen Geister der Erde, des Wassers und der Berge. Der Traum triumphiert als Hirschfrau aus dem Wald, den Gierke als Raum des Mythos in seinem »Freischütz« thematisiert und dessen Verlust er in seinem Sommernachtstraum von Rio '92 kunstreich beklagt. Wie er die Bedeutung des Waldes für den archaischen Mitteleuropäer in uns sieht, zeigt die Zeile »der Wald ist das Innere eines schlafenden Menschen« im begleitenden Text.

Im Gebot der Liebe finden wir wiederum die Anspielung auf die weitergegebenen und gehüteten Geheimnisse, welche Gierkes Bühnenschaffen thematisch durchziehen. Hier ist es Wagners Lohengrin, Sproß der sagenhaften Gralsfamilie, Sohn des höchsten Gralsritters Parsival. Die er erlösen sollte, war keine andere als die Herzogin Elsa von Brabant, nach anderen die Herzogin von Bouillon. Als sie ihre Neugier nach seinem wahren Wesen nicht mehr bezwingen konnte, mußte der auf dem symbolträchtigen Schwan Angereiste sie verlassen. Auch wenn Wagner die Geschichte anders erzählt, sehen verschiedene Historiker in dem Kind der beiden den Großvater oder gar den Vater des Gottfried von Bouillon. Dieser legendäre Gottfried war es, der im Juli 1099 Jerusalem von den Sarazenen befreite und ihnen das Grab Christi entriß. Der vermutliche Merowinger mit möglichen Verbindungen zur Gralsfamilie gründete seine Herrschaft in Palästina. Auch hier liegt einer der historischen Ursprünge jener Traditionen, die auf nicht immer durchschaubaren Wegen ihre Einflüsse bis heute geltend machen. Stand nicht auch Jeanne d'Arc, die Jungfrau von Orléans, mit der sich Gierke in der Version Verdis auf der Opernbühne beschäftigt hat, in unzweifelhafter Verbindung mit René von Anjou, dem Großmeister der geheimnisumwitterten Prieuré de Sion?

Im »Baum des Lebens« schließlich hängen die Toten. (Oder stehen sie auf dem Horizont?). In seinem Zentrum sitzt der Meditierende. Ihm gegenüber ein Vogel. Die Fahrt über den Styx versinkt im Dunkel des Abendlichts, aber: im letzten Bild, ehe die Zehn Gebote des Henning von Gierke alles zusammenfassen, eröffnet sich die Möglichkeit zu Wiederkehr und »Umkehr«. Die Symbolik des Schiffes – das der weiterlebenden Isis, das der Argonauten mit dem Goldenen Vlies, das Fischerboot des Petrus und viele andere sind uns Erinnerung – ist nicht zu übersehen, ebensowenig, wie der Fährmann, der die letzte Reise über den Styx anführt. Gierkes Bilderwelt erinnert mich an jene so schwer zu definierenden Stimmungslagen der Romantik, denen jedoch eines gemeinsam war: Eine Sehnsucht, die mit einer neu empfundenen Entfremdung von Natur, Gesellschaft und Religion in Zusammenhang gebracht werden kann. Unsere Gegenwart empfindet diese Entfremdung besonders schmerzlich. Die Malereien und die Objekte des »Inneren Schlafs« sprechen von der Sehnsucht nach Überwindung dieser Entfremdung, nach Erlösung. Diese Erlösungssehnsucht aber orientiert sich nicht revolutionär, sondern ruft nach der Evolution aus den verborgenen eigenen Wurzeln. Dies mag man getrost ebenso inhaltlich – wie oben angedeutet – wie auch formal sehen.

Nach dem mit vorsichtigen Fragezeichen verkündeten Tod der Malerei herrscht ein ratloses Durcheinander anderer künstlerischer und ästhetischer Behauptungen, scheinbar marktorientierter und theoretisch mühsam begründeter Multimedia-Pluralitäten. Dennoch lebt die Malerei ganz gesund weiter. Bei einigen unbeirrten Malern befindet sie sich in einer Phase der Besinnung, auch der Rückbesinnung. Eine Reihe zeitgenössischer Maler knüpft beim Impressionismus an, ohne die Entwicklung der Kunst zu vergessen oder zu verleugnen. Die Hochachtung welche die Werke van Goghs oder Claude Monets heute erfahren, spiegelt diesen Moment der Besinnung. Gierke setzt einen Moment früher an. Das geschieht unter dem Gebot der Achtung. Der Achtung vor der Natur ebenso wie vor der Kunst der Vorgänger. Mitten in dieser Werkgruppe steht die Bank leer. Sie heißt bezeichnenderweise »Sitz der Ahnen«. Das ist eine offene Einladung. Gierke hat sie angenommen. Seine Bildwelten in einer Malerei des Lichts und der historisch begründeten Weltsicht mit der klaren dramatischen Stille eines Caspar David Friedrich haben den modernen positiven Ansatz konstruktiver Sinnsuche.

Woher sonst käme der ungeheure Anspruch – den andere als Anmaßung mißverstehen könnten – sich selbst Zehn Gebote zu geben und diese in einer so aufwendigen Publikation öffentlich zur Diskussion zu stellen? Sehen wir uns im Lichte der angebotenen Betrachtungswinkel dieses Wertesystem genauer an. Ich will diese Systematik in der knappsten Form halten und an nur jeweils einem Bildbeispiel erläutern.

1. Achtung.   Sie umfaßt die Achtung alles anderen und alles eigenen. Sie ist der Ursprung kreativer Toleranz. Sie schließt die Kenntnis, auch die Erkenntnis ein. Auch die, daß sich die Kälte der Eiszeit im Abendland erst jüngst gelichtet hat und der Wald unsere Heimat ist.
2. Selbsterkennen.   Es ist Voraussetzung für die Achtung vor sich selbst, die nur in die Freiheit bewußten Handelns münden kann. Das Fenster des mythischen Alltags im labyrinthischen Gefängnis des Ich wird aufgestoßen und gibt den Blick auf die Welt frei, die das innere Labyrinth spiegelt und zur eigenen Mitte führt. Aber die Selbsterkenntnis hält den Faden der Ariadne bereit.
3. Leidensfähigkeit.   Sie befreit das Ich, das sich selbst erkannt hat, von den lähmenden Fesseln des Selbstmitleids. Die Akzeptanz des Leidens macht die Botschaft glaubwürdig und die Verteidigung von Idealen und Geheimnissen möglich. Orpheus vermag der Unterwelt zu entkommen. Apoll rettet ihn.
4. Bildersuche.   Versuche, nachdem Du Dich erkannt hast, die Welt zu verstehen und zu erkennen indem Du Dir ein Bild machst. Die Konstellation der Sterne in Deiner Geburtsnacht zeigt Dir ein Bild, einen Weg, auch wenn Du das Bild nicht verstehst. Im Himmel wirst Du die Welt sehen wie auf Erden. Welch interessante Fortschreibung des im Islam noch gültigen Bilderverbots im alttestamentarischen Dekalog.

5. Lust. Sie bedeutet die leidenschaftliche Hinwendung zum anderen ebenso wie zum erkannten Ich mit seinen Möglichkeiten, die Achtung vor dem anderen nicht aufzugeben. Auch in hundert Jahren Einsamkeit wendet sich die Lust nicht gegen den anderen und nicht gegen sich selbst.

6. Aussöhnung. Auch sie ist Voraussetzung zur Überwindung der Egoismen. Sie achtet die Vorfahren ebenso wie die Kinder. Sie überwindet die künstlichen Horizonte kurzsichtiger Denksysteme. Der Weg ist das Ziel. Der Strom mündet in der Erfüllung. Vor dem Winterschrank liegen die Äpfel, die das Winterleben und die Erde bereichern werden, in ihm wird das Leben bewahrt. Die Zwillinge sind Bild für die Gleichheit der Menschen, die eines Ursprungs sind.

7. Der innere Schlaf. Er akzeptiert die Welt der Träume als das andere Leben. Das kollektive Unbewußte manifestiert sich in Bruchstücken der Erinnerung. Sie zu akzeptieren heißt, die Geheimnisse unserer Vergangenheit als gegenwärtig anzunehmen. Sie zu verdrängen oder egoistisch zur längst erfolgten Selbsterkenntnis zu mißbrauchen, hieße fatalistischerweise, die Gegenwart und vor allem die Zukunft weder gestalten zu wollen noch zu können.

8. Erhalten. Es ist der Doppelsinn des Begriffes, der dieses Gebot hier folgen läßt. Wenn wir etwas erhalten, bekommen wir etwas, und wenn wir das erhalten, bewahren wir es. Im schon immer vieldeutigen Stilleben ist dieser transitorische Zustand des zu Bewahrenden evident. Der Lebensmoment der Blume bewahrt sich in ihrem Charakter als Symbol. Der Fisch im Glas wächst, das zu Bewahrende entwickelt sich und strebt zu neuen Lebensräumen. Tradition ist fortzuschreiben. Der Mensch, der seine Gebote ernst nimmt, ist dafür verantwortlich, wenn er nicht leere Räume und Tische hinterlassen will.

9. Liebe. Sie ist auf die Zukunft gerichtet und gilt den Kindern, welche in den Werten aufwachsen und die Traditionen fortschreiben sollen, ehe sie durch die Feuertür schreiten und eigene Traditionen schaffen. Das Gebot meint auch jene geradezu vegetative Liebe, gegen welche wir uns nicht wehren können, die immer auch Leid und Kummer beinhaltet.

10. Der klare Weg. Er scheidet am Kreuzweg den richtigen vom falschen. So appelliert er an die Verantwortung eines jeden, sich in Selbstbestimmung und in Achtung vor den anderen und den Traditionen selbst zu entscheiden. Das ist seine Klarheit, auch wenn der Nebel wunderbar aus den Wiesen steigt. Der Tod ist nur ein scheinbares Ende des Weges. Die Wiederkehr ist möglich als das Fortleben der sich erneuernden Ideen und Ideale.

Was ist das für ein Dekalog, in den man wohl leicht einstimmen könnte, in dem Gott aber nicht vorkommt? Das erinnert an die verfolgten und brutal gestraften Katharer, denen das eigene Erkennen – die Gnosis – vor dem verordneten Glauben kam. Sie glaubten an die Wiedergeburt, die bei Gierke nicht angedeutet ist. Verbirgt sich hier vielleicht das alte aus Ägypten stammende gnostische Prinzip der Trinität von Vater, Mutter und Sohn, das soviel Unfrieden im Konflikt mit den Prinzipien des Christentums geschaffen hat, das schließlich die Existenz eines menschgewordenen Gottes behauptet und zur Grundfeste erklärt? Gott ist in allem und als Prinzip im Menschen selbst. Gott und Mensch haben sich gegenseitig nach ihrem Ebenbild erschaffen.

Wir meinen Gott in allem zu sehen und meinen dabei doch nur uns selbst. Daraus erfolgt die Erkenntnis der Achtung als Gebot, aus dem alle anderen göttlichen wie menschlichen Prinzipien folgen. Gerade wenn sie auch die Überlieferungen in die Erkenntnis, die dem Handeln vorausgeht, miteinbeziehen.

Vielleicht haben die Bilder und Wertsysteme Gierkes deshalb diese ihre eigene Ambiguität zwischen Klarheit und Rätselhaftigkeit. Er kennt die Antworten, aber die Fragen stellen sich ihm nicht. In dieser Selbstverständlichkeit der Gewißheiten liegt das Geheimnis offen zutage, ohne daß es sich enthüllt.

Was anderes wäre der Sinn der Kunst, als uns ein Bild zu geben oder vorzuschlagen bei der eigenen Bildersuche, bei dem Versuch, uns ein Bild zu machen von der Antwort, die wir zu haben glauben, auf die Frage, die wir nicht recht verstehen? WOLFGANG LÄNGSFELD

Rapsfeld

Kapitel
I

Die Achtung

Es entspringt in mir ein Fluß inne-
rer Bilder als rudimentäre Antwort auf den jeweiligen Text, auf
ein Thema, auf eine Musik. Diesem Fluß folge ich als einer eigenen inneren Regie und bevor ein
Strich auf dem Papier gezeichnet
ist, ist in der Vorstellung eine Serie
von Bildern und alternativen Aus-
drucksmöglichkeiten entstanden.
In der inneren Vorstellung, der
Imagination ist das Bild in seiner
Vorform gegenwärtig. H. v. G.

Die Achtung

Spiegelungen I

Die Achtung

Mexikanische Seerosen

Sitz der Ahnen

Dorf in der Lorraine

Die Achtung

Ginster

Die Achtung

Kleines Rapsfeld

Rapsfeld IV

Großer Raps

Mein Zentrum ist das Malen und ich weiß, alles scheint zu einem Bild verdichtbar zu sein. H. v. G.

Wilder Mohn

Die Achtung

Gewitter und Mohn II

Die Achtung

Gewitter und Mohn I

Sonne, Wasser, Licht

Wasser + Landwege

Fjordland II

Fjordland I

Die Achtung

Fjordland III

Kreidefelsen, Rügen

Die Achtung

Abendland

Die Achtung

Die Achtung

Über der Mündung

Die Achtung

Die Achtung

Reisterrassen im Schnee

Winterland

Die Achtung

Lichte Eiszeit

Die Achtung

Eisflut

In den Strahlen

Der Moment der aufgehenden Sonne

Flut I

Küstenland

Die Achtung

Der Freischütz

Carl Maria von Weber,
Oper in drei Akten

Oper über die Macht des
Unbewußten.
– um uns ein Wald,
manchmal vertraut und
umarmend,
manchmal abweisend,
grenzenlos unerforschlich
und kalt.
– der Wald als Bild des
Unbewußten.

Eine Oper über die Natur in und
um uns. H. v. G.

Die Achtung

I. Akt, Die Majestät des Waldes

Die Achtung

II. Akt, Der nächtliche Schrecken

Die Achtung

III. Akt, Der Wald wird zur Kathedrale

Die Achtung

Die Achtung
Anhang zu Kapitel I

Deckblatt: Rapsfeld / Foto: Isabella Berr

21
Spiegelung I
Öl/Holz
120 x 80 cm
1983

23
Mexikanische Seerosen
Öl/Holz
100 x 90 cm
1994

24
Sitz der Ahnen
Öl/Holz
90 x 100 cm
1991

25
Dorf in der Lorraine
Öl/Leinwand
80 x 120 cm
1983

27
Ginster
Öl/Holz
70 x 80 cm
1991

29
Kleines Rapsfeld
Öl/Holz
70 x 90 cm
1991

30
Rapsfeld IV
Öl/Holz
90 x 100 cm
1991

31
Großer Raps
Öl/Holz
90 x 100 cm
1991

33
Wilder Mohn
Öl/Holz
90 x 100 cm
1991

35
Gewitter und Mohn II
Öl/Holz
90 x 100 cm
1994

37
Gewitter und Mohn I
Öl/Holz
80 x 70 cm
1992

39
Sonne, Wasser, Licht
Öl/Holz
100 x 90 cm
1991

40
Norwegenreise,
Vorbereitung zu
»Der Fliegende Holländer«

Wasser und Landwege
Öl/Holz
90 x 100 cm
1994

Fjordland II
Öl/Holz
90 x 100 cm
1991

41
Fjordland I
Öl/Holz
90 x 100 cm
1991

43
Fjordland III
Öl/Holz
90 x 100 cm
1991

43
Kreidefelsen, Rügen
Öl/Holz
90 x 100 cm
1993

45
Abendland, aus dem
Zyklus – Erschöpfung
Öl/Leinwand
120 x 160 cm
1991

47
Über der Mündung
Öl/Holz
105 x 110 cm
1982

49
Reisterrassen im Schnee II
Öl/Leinwand
120 x 160 cm
1990

Winterland
Öl/Holz
90 x 100 cm
1994

51
Lichte Eiszeit
Öl/Holz
70 x 80 cm
1985

53
Entwurf zum dritten Akt
»Lohengrin«: Brautgemach

Eisflut
Öl/Leinwand
130 x 160 cm
1986

54
In den Strahlen
Öl/Holz
90 x 100 cm
1984

55
Der Moment der
aufgehenden Sonne
Öl / Holz
80 x 80 cm
1984

56
Flut
Öl/Holz
70 x 80 cm
1988

57
Küstenland (Anno Nuevo)
Öl/Holz
90 x 100 cm
1988

61
»Freischütz«
1994
– aufgeführt in Nagoya,
Kobe und Tokyo,
aufgezeichnet vom NHK
Konzept, Bühnenbild,
Kostüme.
(mit Isao Takashima)
Fotos: Isabella Berr,
München

1. Akt, Die Majestät des
Waldes

63
2. Akt, Der nächtliche
Schrecken

65
3. Akt, Der Wald wird zur
Kathedrale

Kapitel
II

Selbsterkennen

Sie hält in ihrem Spiel inne. Die Hitze des Mittags beginnt der drückenden Schwüle der Nachmittagsstunden zu weichen. Noch kauernd wischt sie mit einigen fahrigen Bewegungen ihrer Hand zudringliche Mücken beiseite, die sich an den Rändern ihrer gestrickten Socken, die ihr eigentlich schon zu warm geworden sind, festgesetzt haben. Ihr Blick tastet über den Spiegel eines alten Moorweihers, an dessen Rändern sie am liebsten spielt und der einmal zur Aufzucht von Fischen angelegt worden war, nun aber, da der letzte Züchter gestorben war und die Gemeinde kein Geld hatte um einen Badesee anzulegen, beinahe zur Hälfte mit Seerosen und Schilfgewächsen zugewuchert ist. Ein Glucksen oder Blubbern lenkt sie von ihrem Spiel ab und ein Ring aus konzentrischen Kreisen, der sich vom nahe gelegenen Ufer über das Wasser ausbreitet, zeigt ihr, daß dort ein Fisch auf der Jagd nach Wasserläufern die Wassergrenze durchstoßen haben mag oder Luftblasen aus dem morastigen Grund des Weihers aufstiegen, die Oberfläche aufgetrieben haben und dann zerplatzt sein mögen. Sie kauert zwischen den schlammigen Pfützen, die Traktorspuren als Fischgrätmuster in den weichen Morast des kaum sichtbaren Weges zwischen Wasser und Waldrand gedrückt haben und die von den Wolkenbrüchen der letzten Tage überfüllt worden sind. Sie zieht mit einem Weidestab, den sie vom Gebüsch am Ufer abgebrochen hat, Verbindungsfurchen durch die Vertiefungen des Schlicks. Ihre Sandalen haben sich vollgesogen mit Feuchtigkeit und verursachen beim Auftreten ein schmatzend-saugendes Geräusch. Bei jedem Schritt schwappt ein Wulst von Schlamm unter die weißen Socken, die sich begierig mit Flüssigkeit vollsaugen, immer dem Zig-Zag des Strickmusters, das dem der Traktorspuren ähnelt, folgend. Jedesmal, wenn sie den Damm einer Furche durchdringt, ergießt sich ein Schwall schlickigen Wassers in eine der nächsten Vertiefungen und es entsteht ein See – sich leerende und füllende Becken. Ihr System ausgeklügelter Ab- und Zuleitungen hat in der Muldc bei der ehemaligen Reusenanlage zwei besonders große Pfützen entstehen lassen und zwei entschlossene Schürfungen mit ihrem Stab würden alles überlaufen lassen und den letzten Damm vor dem Weiher zum Bersten bringen. Aus dem Hitzeflimmern über dem Jungwald verdichten sich blau-schwarze Gewitterwolken und das helle Singen der Mücken über der Niederung steigert sich zum Sirren einer überstimmten Saite. Immer häufiger fahren ihre schmalen Hände über die noch winterblassen Arme und Beine, um sich der Mücken und der immer drückender werdenden Schwüle zu erwehren. Bei einer ihrer Bewegungen, die nun manchmal panische Züge annehmen, durchstößt sie fast beiläufig den aufgeweichten Damm aus Morast und das Wasser beginnt zuerst zögerlich, dann immer weiter anschwellend in den Teich zu strömen. Sie folgt dem Lauf des Wassers mit den eigenen unsicher balancierenden Bewegungen und beugt sich nahe dem Reusen-gestänge, wo sich nun das angestaute Wasser der Pfützen mit dem klaren Schwarzen des Moors mischt, über den Wasserspiegel. In den vom Ufer fortsickernden Schlieren sieht sie für einige Augenblicke ihr sommersprossiges Gesicht, das Gesicht eines 12jährigen Mädchens, das von roten zerzausten Haaren umrahmt ist und deren Sommersprossen auf der sehr erwachsen wirkenden Nase sich im Laufe des Sommers zu einer tiefdunklen Farbe wandeln werden. GÜNTER STÖBER 1995

Hagebuttenweg

Ich mit umwölkter Stirn

Fenster

Mondnacht

Ich – verstrickt

Mythischer Alltag

Ratlos

Busch (Feuer und Stille)

Selbst

Die zauberische Beherrschung des Wetters

Troyaburg

Kinderspiele

Selbsterkennen

Interieur II

Selbsterkennen

Selbsterkenner

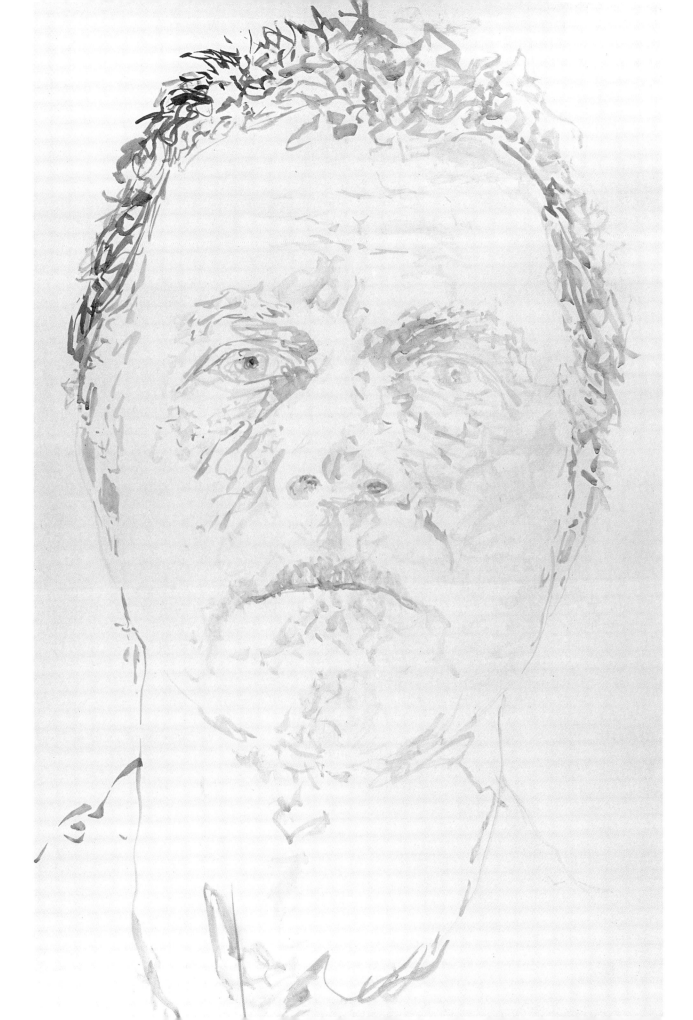

Ich mit mir

Labyrinth, Wasserkreise

Tanzstrukturen

Der innere Ausweg

Heilige Hochzeit

Spiegelungen, Mondnacht

Gittertor

Interieur – Exterieur

Alleingang

Phädra

von Racine,
ein Schauspiel

Ein Spiel
über das Labyrinth in uns
– den Tanz in die eigene Mitte
und den Weg aus ihr heraus.

Phädra
ein Schauspiel über
das Selbsterkennen. H. v. G.

Sandsteinofenraum
mit Labyrinth
boden

③

Steinlabyrinthboden
Landschaftsbild (
Kiesschraube   Garten nach offen

Schräge Platte mit einem
tiefen Labyrinth, Rundhorizont
mit gemalter Landschaft

langsam sich blähender
Ballon

Überdimensionales Zimmer, Boden wie 1., Stuckdecke
Landschaft in der Tiefe mit endlosem
Weg; Zimmer schwarz, naß/Fenster zu Licht...

Lichtprobe

Bauprobe, Phädra

Selbsterkennen

Labyrinth, Schritte der Einkehr

Labyrinth, Mauern und Licht

Selbsterkennen
Anhang zu Kapitel II

Deckblatt: Labyrinth – Spiel, französisch 16. Jahrhundert

73
Hagebuttenweg,
Hügel hinter Bologna
Öl/Holz
90 x 100 cm
1985

74
Ich mit umwölkter Stirn
Öl/Holz
100 x 90 cm
1987

Fenster
Heimliche Beziehungen
Öl/Holz
80 x 70 cm
1987

75
Mondnacht
Öl/Holz
100 x 90 cm
1987

76
Ich verstrickt
Öl/Holz
100 x 105 cm
1982

77
Mythischer Alltag
Öl/Holz
80 x 70 cm
1985

79
ratlos
Öl/Holz
60 x 65 cm
1981

80
Busch (Feuer und Stille)
Öl/Holz
90 x 100 cm
1987

81
Selbst
Öl/Holz
110 x 100 cm
1979

82/83
Die zauberische
Beherrschung des Wetters
Öl/Holz, 2teilig
je 80 x 70 cm
1983

85
Labyrinth, Troyaburg
Öl/Holz
60 x 45 cm
1985

87
Labyrinth, Kinderspiele
Öl/Holz
90 x 100 cm
1985

89
Interieur II,
Fahlburg, oberer Saal
Öl / Holz
90 x 80 cm
1992

91
Skizze zu Selbsterkennen
Tusche/Papier
70 x 50 cm
1995

93
Ich mit mir
Öl/Holz
90 x 80 cm
1994

95
Labyrinth, Wasserkreise
Öl/Holz
90 x 100 cm
1985

Bühnenentwurf zu »Phädra«
Tanzstrukturen
Öl/Leinwand
130 x 160 cm
1986

96
Der innere Ausweg
Öl/Holz
90 x 105 cm
1983

97
Labyrinth,
Heilige Hochzeit
Öl/Holz
90 x 100 cm
1985

98
Spiegelungen, Mondnacht
Öl/Holz
100 x 90 cm
1983

99
Gittertor
Öl/Leinwand
80 x 70 cm
1987

Interieur – Exterieur
Öl/Holz
100 x 90 cm
1987

101
Alleingang
Öl/Holz
60 x 70 cm
1985

104/105
4 alternative
Bühnenskizzen zu Phädra
Kammerspiele München
1985

107
Lichtprobe I, II
Bauprobe, Realisation des
labyrinthischen Fußbodens
Foto: Werner Herzog

109
Labyrinth,
Schritte der Einkehr
Öl/Holz
65 x 60 cm
1985

111
Labyrinth,
Mauern und Licht
Öl/Holz
80 x 70 cm
1985

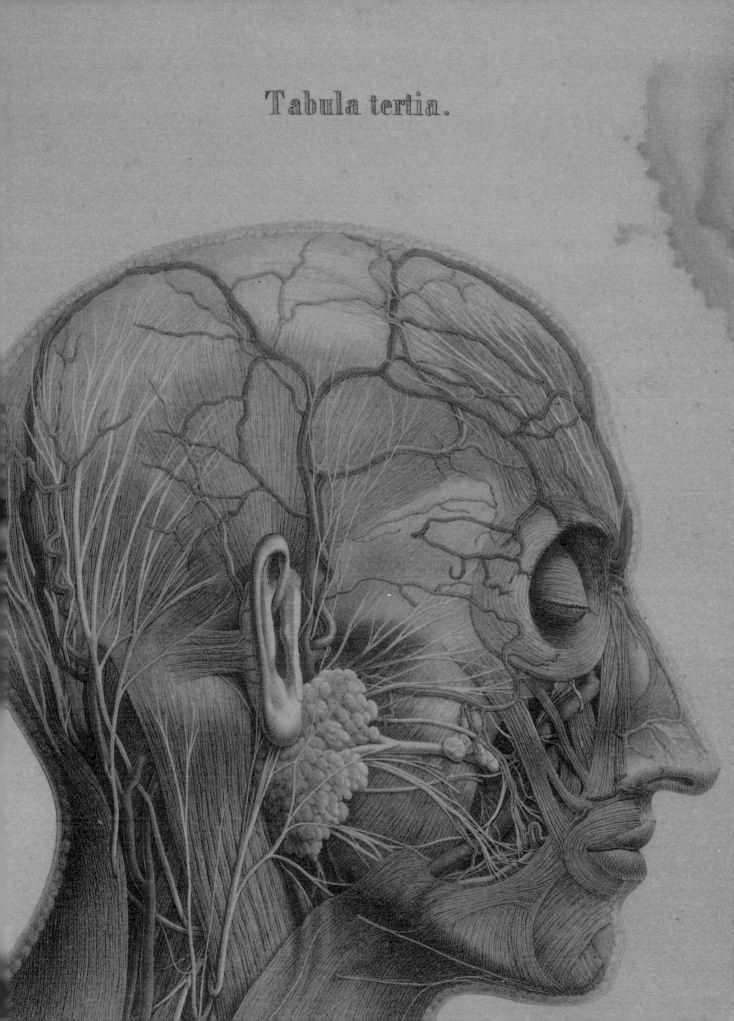

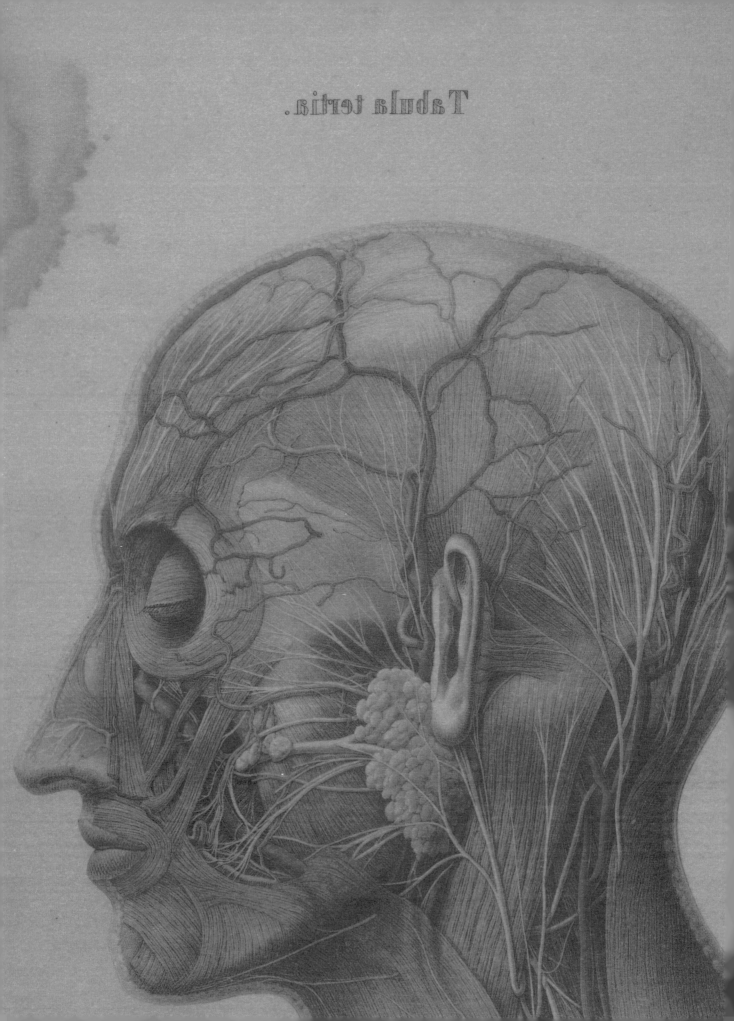

Kapitel
III

Leidensfähigkeit

Madonna lactans
Arbeitsfotos zur Madonnenerscheinung, Giovanna D'Arco

DEM RUHELOSEN GEIST
ENTSPRINGT GLAUBE UND
HOFFNUNG.

NICHTS STELLT SICH IHM IN
DEN WEG, KANN IHN
AUFHALTEN,
DEN TAKT VERGESSEN,
DIE ORDNUNG AUFLÖSEN.

NICHTS HINDERT IHN,
DENN DIE IDEE TRÄGT
SINN UND ZUKUNFT, SIE
MACHT MUTIG UND FREI. J. W. MÜLLER

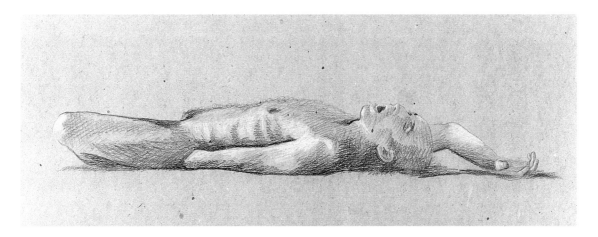

Skizzen zu »Großes Schlachtfeld«

Großes Schlachtfeld

Leidensfähigkeit

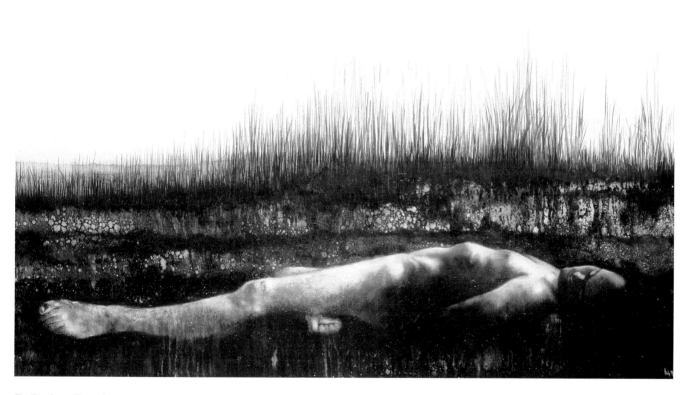

Zu Brahms Requiem

Giovanna D'Arco

G. Verdi

eine Oper über Leiden,
Verzückung und Tod

– über das Akzeptieren
der Vision. H. v. G.

Sterbender Krieger
zu Giovanna D'Arc
Polyäthylen, Ölfarb
Arbeitsfoto

Malersaal

Herstellung der Figuren für Giovanna D'Arco

Abschied

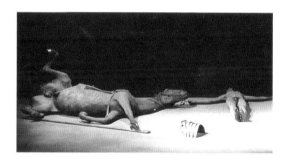

Szenenfotos zu Giovanna D'Arco

Feuertür

II. Akt, Schlachtfeld

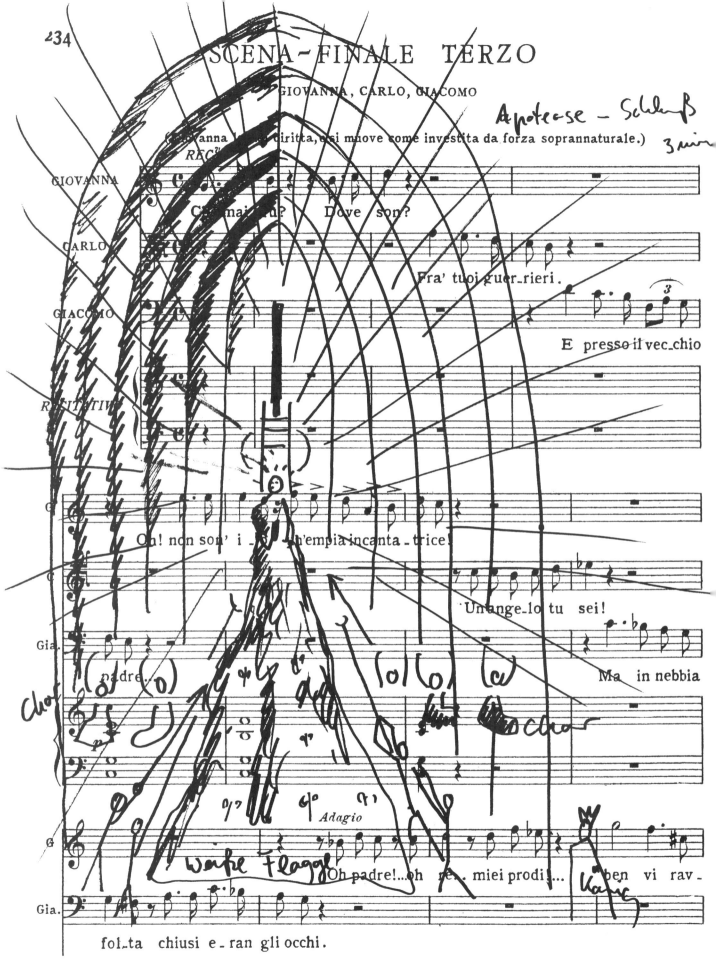

»Eine goldenen Wolke erhebt mich. Oh! Die Rüstung verwandelt sich in Flügel.

Text der sterbenden Johanna

rde lebe wohl! Lebe wohl, irdischer Ruhm. Hinauf fliege ich, schon leuchte ich in der Sonne.«

Die Reise des Helden

Pieta

Eurydike

Orpheus

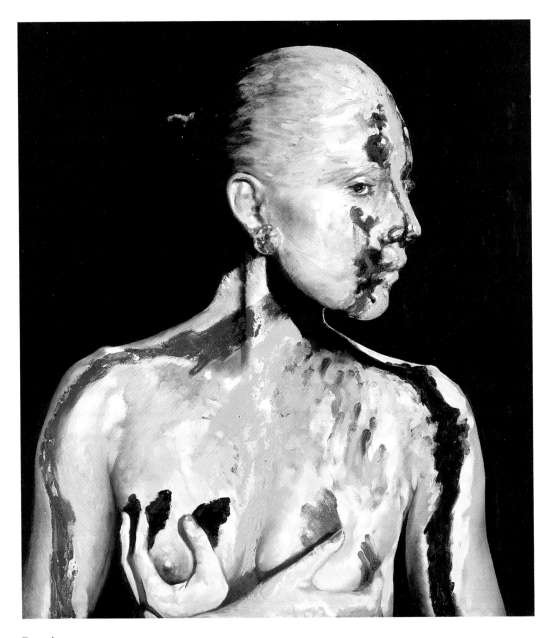

Bemalung

Gesichter

 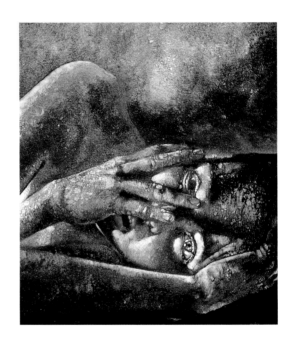

Gesicht I   Gesicht II

Gesicht III

Idole

Leidensfähigkeit

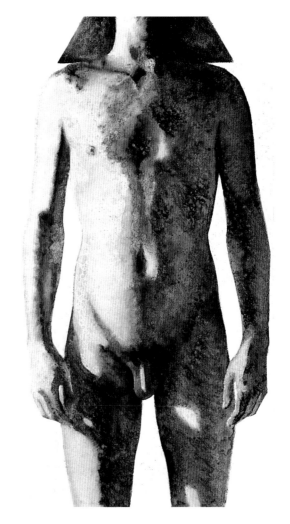

Blauschwarzer Mann   Knabe

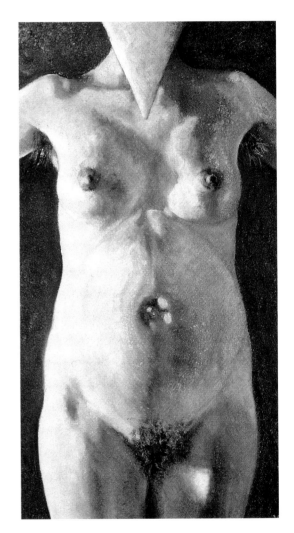

Kind und Körper   Schwangere

Rote Frau   Weiß und Grau, Torso

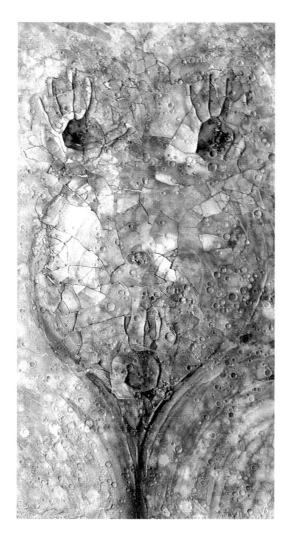

Mit Schlamm gemalt I

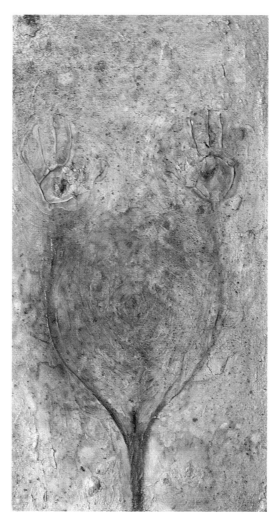

Mit Schlamm gemalt II

Deckblatt: tabula tertia aus Tabulae Anatomicae, von Friderici Arnoldi, 1834

116
Madonna lactans
Arbeitsfotos zum 3. Bühnen-
schleier Giovanna D'Arco
Madonnenerscheinung
der Johanna
1989

119
3 Skizzen zum
Großen Schlachtfeld
Tusche, Kohle auf Karton
Ausschnitt
70 x 28 cm
1989

121
Großes Schlachtfeld
Öl/Holz
90 x 100 cm
1989
Entwurf zum
Ouvertürenvorhang zu
Giovanna D'Arco von
Giuseppe Verdi, Bologna
realisiert im Format
900 x 1200 cm
Teatro Communale
1989

123
Zu Brahms Requiem:
»Denn alles Fleisch,
es wird zu Gras.«
Öl/Holz
90 x 100 cm
1989

124
Sterbender Krieger
Eine von 35 lebensgroßen
Figuren zu Giovanna D'Arco
Polyäthylen, Ölfarbe
lebensgroß
1989

126
Arbeitsfoto:
Malersaal Bologna –
Madonna Lactans –
Sterbender Krieger –

127
Arbeitsfoto:
Herstellung der Bühnen-
figuren in der Bühnen-
bildnerklasse, Bremen

128
Abschied
Öl/Karton
102 x 73 cm
1990

129
4 Szenenfotos aus
Giovanna D'Arco
Teatro Communale
1989

1. Johannas Vision, I. Akt

2. In dem Garten des
Königs, II. Akt

3. Sterbendes Pferd und
Krieger, Bühnendetail

4. Johannas Triumph,
II. Akt

130
Feuertüre
Öl/Holz
100 x 90 cm
1989

131
Szenenfoto,
Giovanna D'Arco, II. Akt –
Schlachtfeld

133
Schlußapotheose,
Johanna schwebt über dem
Scheiterhaufen
Szenenfotos: © Mauricio
Buscarini, Zogno

135
Die Reise des Helden
Öl/Holz
70 x 80 cm
1989

137
Pieta
Öl/Leinwand
120 x 160 cm
1991

138
Eurydice
Öl/Leinwand
120 x 160 cm
1991

139
Orpheus
Öl/Leinwand
120 x 160 cm
1991

140
Bemalung
Öl/Leinwand
70 x 50 cm
1987

142
Gesicht I
Öl/Holz
40 x 46 cm
1989

142
Gesicht II
Öl/Holz
40 x 46 cm
1989

143
Gesicht III
Öl/Holz
40 x 46 cm
1989

147–151
Idole
8teiliger Zyklus

147
Blauschwarzer Mann
Öl/Holz
100 x 50 cm
1991

Knabe
Öl/Holz
100 x 50 cm
1991

148
Kind und Körper
Öl/Holz
100 x 50 cm
1991

Schwangere
Öl/Holz
100 x 50 cm
1991

149
Rote Frau
Öl/Holz
100 x 50 cm
1991

Weiß und Grau, Torso
Öl/Holz
100 x 50 cm
1991

151
Mit Schlamm gemalt I
Öl/Schlamm/Holz
100 x 50 cm
1991

Mit Schlamm gemalt II
Öl/Schlamm/Holz
100 x 50 cm
1991

Kapitel IV

Bildersuche

Bildersuche

Von Gewalt und Stille

Wanderland

Bildersuche

Ufer

Seerosen –Reihenspuren, 2teilig

Heroische Landschaft

Mondzeichen

Der stille Reiter

Die Verehrung der Bäume

Tempeleingang, Korea

Schwarze Segel

Monumente der Nacht

Die fünfte Phase

Geburtstagsnacht 1947

Gefährten der Nacht

In stiller Erwartung

Das Licht der Sterne

Eispyramide

Konstellationen II

Wolkenwelt

Tauwetter

Landschaften mit Vergangenheit

Könnte man nur die Spuren sehen, wie die
der Kelten und Germanen, die der Römer
und Franzosen.

Die Spuren der Kriege und des Lebens, der
Kinder und der Alten.

Jetzt sehe ich ein frisch gepflügtes Feld,
wie geritzte Haut, ein Feld,
das die Geschichte unauslöschbar und
unsichtbar trägt. H. v. G.

Fabrik und Mondschein, Yukatan

Landschaft mit Vergangenheit II

Umarmung

Landschaft mit Vergangenheit I

Landschaft mit Vergangenheit III

Bildersuche

Sternenbau

Blick ins All

Bildersuche

Andalusischer Friedhof

Der fliegende Holländer

von Richard Wagner
Oper in drei Akten

Oper über das Finden und das
Suchen, – über das Erträumen eines
inneren Bildes, – über das Ergreifen
von Realität.

Eine Oper über die Kraft des
Traumes H. v. G.

Ich verstehe das Bühnenmodell
zu einer Operninszenierung als
originales Kunstobjekt, als
dreidimensionales Bild; den Entwurf
für eine Rauminstallation, geboren
aus Text und Musik.

Ich kann mir Ausstellungen
vorstellen, in denen sich Modell an
Modell reiht, wie sonst Bilder,
Objekte und Installationen. H. v. G.

Das Meer wird zum Land

AUFFÜHRUNG

MODELL

AUFFÜHRUNG

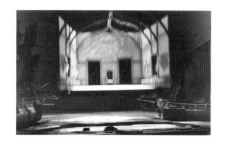

Holländerspuk

Holländerspuk

Bildersuche
Anhang zu Kapitel IV

Deckblatt: Menschendarstellungen, Kalahariwüste, undatiert

157
Von Gewalt und Stille
Öl/Holz
70 x 80 cm
1983

158/159
Wanderland
4teilig
Öl/Holz
je 80 x 70 cm
1982

158
Meer und Vergangenheit
Land und Leute

159
Nächtlich verschneite Wege
In stiller Erwartung

161
Ufer
Öl/Holz
90 x 100 cm
1985

162/163
Seerosen – Reiherspuren
2teilig
Öl/Holz
80 x 70 cm
1985

164
Heroische Landschaft
Öl/Holz
100 x 90 cm
1985

165
Mondzeichen
Öl/Holz
100 x 90 cm
1980

166
Der stille Reiter
Öl/Holz
70 x 80 cm
1990

167
Die Verehrung der Bäume
Öl/Holz
80 x 70 cm
1982

168
Tempeleingang, Korea
Öl/Holz
70 x 80 cm
1991

169
Schwarze Segel
Öl/Holz
40 x 33 cm
1979

Monumente der Nacht
Öl/Holz
50 x 48 cm
1981

171
Die 5. Phase
Öl/Holz
90 x 80 cm
1982

173
Geburtsnacht 1947
Öl/Holz
98 x 95 cm
1980

174
Gefährten der Nacht
Öl/Holz
42 x 33 cm
1981

175
In stiller Erwartung
Öl/Holz
105 x 100 cm
1982

177
Das Licht der Sterne
Öl/Holz
80 x 75 cm
1980

178
Eispyramide
Öl/Holz
90 x 100 cm
1986

179
Konstellationen II
Öl/Holz
90 x 100 cm
1988

181
Wolkenwelt
Öl/Holz
80 x 65 cm
1977

183
Tauwetter, Frühlingsnacht
Öl/Holz
80 x 80 cm
1989

185
Fabrik und Mondschein,
Yukatan
Öl/Holz
80 x 90 cm
1994

186/187
3 Zeichnungen zu
Umarmung
Tusche/Papier
je 70 x 50 cm
1994

188
Landschaft mit
Vergangenheit II
Öl/Holz
80 x 90 cm
1994

189
Umarmung
Öl/Holz
100 x 90 cm
1994

190
Landschaft mit
Vergangenheit I
Öl/Holz
80 x 90 cm
1994

191
Landschaft mit
Vergangenheit III
Öl/Holz
80 x 90 cm
1994

193
Sternenbau
Öl/Holz
50 x 50 cm
1980

195
Blick ins All
Öl/Holz
100 x 90 cm
1980

197
Andalusischer Friedhof
Öl/Holz
100 x 90 cm
1989

201
Das Meer wird zum Land
Öl/Holz
70 x 95 cm
1990
Entwurf zur Schlußapotheose
Sentas Sprung ins Meer ist
des Holländers Schritt aufs
Land.

202/203
Gegenüberstellung von
Modell, Maßstab 1 : 25
und Realisation,
Staatsoper München 1990,
Film der Aufführung 1991,
Filmverlag der Autoren.
Gastspiel: Bunkaikan,
Tokyo 1992
Modellfotos: Peter Holz,
München
Szenenfotos: Isabella Berr

204
3. Akt Holländerspuk,
Foto: Isabella Berr

205
Holländerspuk
Öl/Holz
90 x 90 cm
1990

Kapitel
V

Lust

Lust

WARME TAGE, BLASSE HAUT,
IM REIGEN DER GEFÜHLE
SCHWINDET DER SINN,
ÜBERQUELLEND IN SICH
GEKEHRT.

UNGEBREMST VOLL
VEHEMENZ SINKT ES, SICH
WINDEND IM FLUSS DER ZEIT,
DAS SELBST.

LEBEN BIS ZUM ENDE;
GEFANGEN IM RAUSCH DER
ZEIT.

ORGIASTISCHES VERGEBEN
RUHMLOSER HELDEN,
FINDET REINHEIT UND
ERFÜLLUNG.
LUST J. W. MÜLLER

Lust

Steine in meinem Bach

Skizzen zu Lust

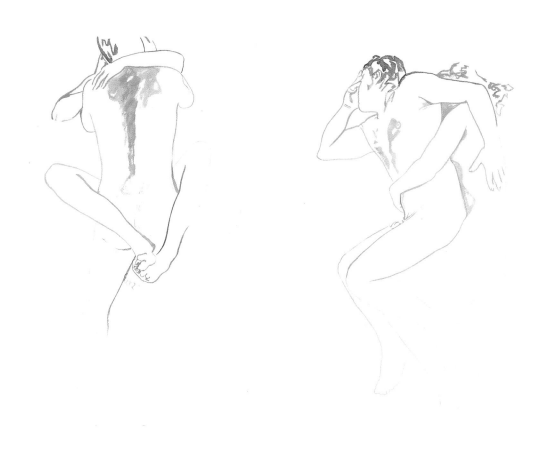

Lust

Lust

Der Abend des Fauns

Lust

Japanisches Interieur, erstes Licht, Kobe

Lust

Mexikanisches Interieur, Zócalo

Lust

Lichter Akt

Lust

Lust

Morgensonne

Lust

Danae, wie gebunden

Rote Träume

Lust

Morgenlicht vor Monets Seerosen, Nymphea

Lust

Frau am Fenster, Selbstliebe

Skizzen zu Venus und Cupido

Venus und Cupido, westlich – östlich

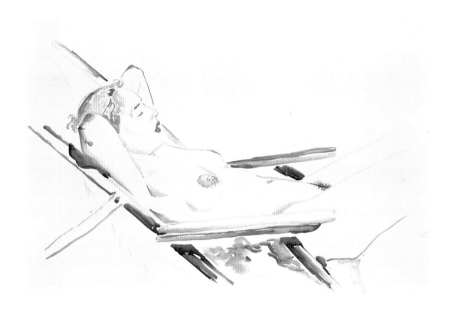

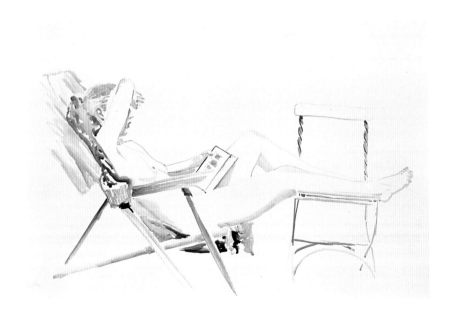

Aquarell auf Papier in Öl und Holz

Lust

Mexikanisches Interieur (Wie 100 Jahre Einsamkeit)

Lust

Fasan, Quitten und Aphrodite

Lust

Lust
Anhang zu Kapitel V

Deckblatt: Utamaro, um 1790, Holzschnitt

213
Steine in meinem Bach
Öl/Holz
80 x 70 cm
1982

214/215
4 Skizzen zu Lust
Tusche/Papier
je 70 x 50 cm
1994

217
Der Abend des Fauns
Hommage an das Plakat zu
L'après-midi d'un faun
Öl/Holz
100 x 90 cm
1994

219
Japanisches Interieur,
erstes Licht, Kobe 95
Öl/Leinwand
95 x 95 cm
1995

221
Mexikanisches Interieur,
Zócalo
Öl/Leinwand
160 x 120 cm
1994

223
Lichter Akt
Öl/Leinwand
120 x 120 cm
1994

225
Morgensonne
Öl/Holz
90 x 80 cm
1992

227
Danae, wie gebunden
Öl/Gold/Holz
80 x 70 cm
1981

228
2 Skizzen zu
Rote Träume
Fettkreide/Kohle/Papier
50 x 60 cm
1983

229
Rote Träume
Öl/Holz

231
Morgenlicht, vor Monets
Seerosen, Nympheas
Öl/Holz
80 x 70 cm
1988

233
Frau am Fenster, Selbstliebe
Öl/Leinwand
160 x 130 cm
1988

234
Skizze zu Venus und Cupido
Tusche/Papier
50 x 60 cm
1995

235
Venus und Cupido,
westlich – östlich
Öl/Leinwand
160 x 120 cm
1995

236
2 Aquarellskizzen, ohne Titel
Aquarell/Papier
50 x 70 cm
1988

237
Aquarell auf Papier
in Öl auf Holz
Öl/Holz
70 x 80 cm
1988

239
Mexikanisches Interieur
(Wie 100 Jahre Einsamkeit)
Öl/Leinwand
160 x 120 cm
1994

241
Fasan, Quitten und
Aphrodite
Öl/Leinwand
95 x 95 cm
1993

Lust

Kapitel
VI

Aussöhnung

FÜR JAHRE GING ER NIEMALS DEN WEG AN DEM HAUS VORBEI, OBWOHL ER ALLEN GRUND HATTE, DEN KURZEN WEG ZU WÄHLEN. ALLEIN DER GERUCH DER NASSEN ZIEGEL VERMOCHTE DAS GEFÜHL DER OHNMACHT IN IHM HERVORZU-RUFEN, DAS ER NIE HATTE KENNENLERNEN WOL-LEN.

VOR NICHT ALLZULANGER ZEIT, ES MUSS ENDE OKTOBER GEWESEN SEIN, DURCHBRACH EIN TROCKENES, DUMPFES KNALLEN DIE SONST RU-HIGE NACHT. ZUERST NOCH SCHLAFEND, DANN JÄH ERWACHEND DRANG ES DURCH DEN VORHOF SEINER TRÄUME UND LIESS SICH KURZ DARAUF NICHT MEHR VERSTECKEN. ETWAS BARST, TRÄGER STOBEN AUSEINANDER, PUTZ SETZTE SICH ZWI-SCHEN SEINE AUGENLIDER UND JE ENGER ER

SIE ZUSAMMENKNIFF, DESTO TIEFER DRANG DER
ÄTZENDE SCHMERZ IN SEIN INNERES EIN. BEINE,
BRUSTKORB, HAARE FESTGEKLEMMT UND KAUM
NOCH LUFT ZUM ATMEN. WAS WAR GESCHEHEN?
NIEMAND WAR DA DIE FRAGE ZU BEANTWORTEN;
KEIN GERÄUSCH DRANG AN SEIN OHR. NUR EIN
IMMER STÄRKER WERDENDER DRUCK MACHTE
JEDEN ATEMZUG ZUR QUAL.
DUNKEL, BEWEGUNGSLOS DALIEGEND, FLACH AT-
MEND, OHNE EINEN MOMENT DER HOFFNUNG SICH
AUFRICHTEN ZU KÖNNEN, UM DEN TAG WIE GE-
WOHNT ZU BEGINNEN, MUSSTE ER LIEGEN, VER-
SCHNÜRT, GEBUNDEN, ANGEKETTET. TAGE, STUN-
DEN, ENDLICH MELDETE SICH DAS RECHTE KNIE
OHNE ZU WISSEN, DASS ES NOCH ZU IHM GEHÖRT;
ETWAS HATTE IHN BERÜHRT. GERETTET. J. W. MÜLLER

Aussöhnung

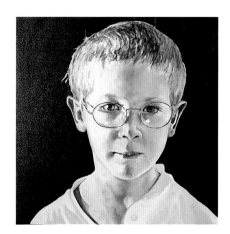

Drei Söhne

Künstlicher Horizont

Natürlicher Horizont

Kathedralen des Ostens, Kiomizu Tempel

Aussöhnung

Kathedralen des Ostens, Nishi-Honganij

Mondbetrachtungsterrassen II, Katsura Rikyu

Aussöhnung

Aussöhnung

Kathedralen des Ostens, Nishi-Honganij II

Eßtisch

Strom als Bett

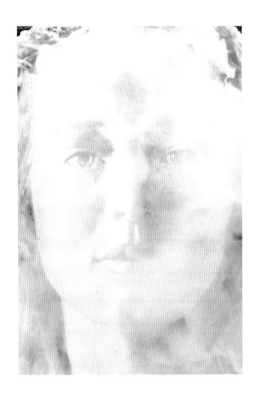

Regenbogen

Aussöhnung

Atlantisches Zimmer

Tor der Träume

Andalusisches Zimmer

Die Mündung, Erfüllung

Königskinder

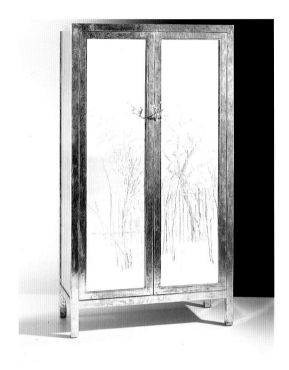

Winterschrank

Zwillingssessel

renges Sofa

Deckblatt: Der Mann mit meinen Händen; Fotografie meiner väterlichen Großeltern

249
Drei Söhne
3teilig
Öl/Leinwand
je 50 x 50 cm
1994

250
Künstlicher Horizont
Öl/Holz
100 x 90 cm
1987

251
Natürlicher Horizont
Öl/Holz
100 x 90 cm
1987

253
Kathedralen des Ostens,
Kiomizu Tempel
Öl/Holz
100 x 100 cm
1995

255
Kathedralen des Ostens,
Nishi-Honganij
Öl/Holz
95 x 95 cm
1995

257
Mondbetrachtungsterrasse II,
Katsura Rikyu
Öl/Leinwand
120 x 120 cm
1995

259
Kathedralen des Ostens
Nishi-Honganij II
Öl/Leinwand
120 x 120 cm
1995

260
Eßtisch
Silber, Öl/Holz
100 x 100 x 75 cm
1988

261
Strom als Bett
Öl/Holz
100 x 90 cm
1987

262
Anna
Öl/Wachs/Leinwand
78 x 58 cm
1993

263
Regenbogen
Öl/Holz
90 x 100 cm
1986

265
Atlantisches Zimmer
Öl/Holz
100 x 90 cm
1994

267
Tor der Träume, 2teilig
Öl/Holz
je 90 x 95 cm
1979

269
Andalusisches Zimmer
Öl/Holz
90 x 100 cm
1989

271
Die Mündung, Erfüllung
Öl/Holz
90 x 80 cm
1982

273
Königskinder
Öl/Holz
90 x 100 cm
1979

274
Winterschrank
Öl, Seide, Silber,
Zweige/Holz
160 x 91 x 40 cm
1988

275
Zwillingssessel
Öl, Wildseide,
Silber/Holz
105 x 59 x 60 cm
1988

277
Strenges Sofa
Öl, Seide, Silber/Holz
98 x 180 x 70 cm
1988

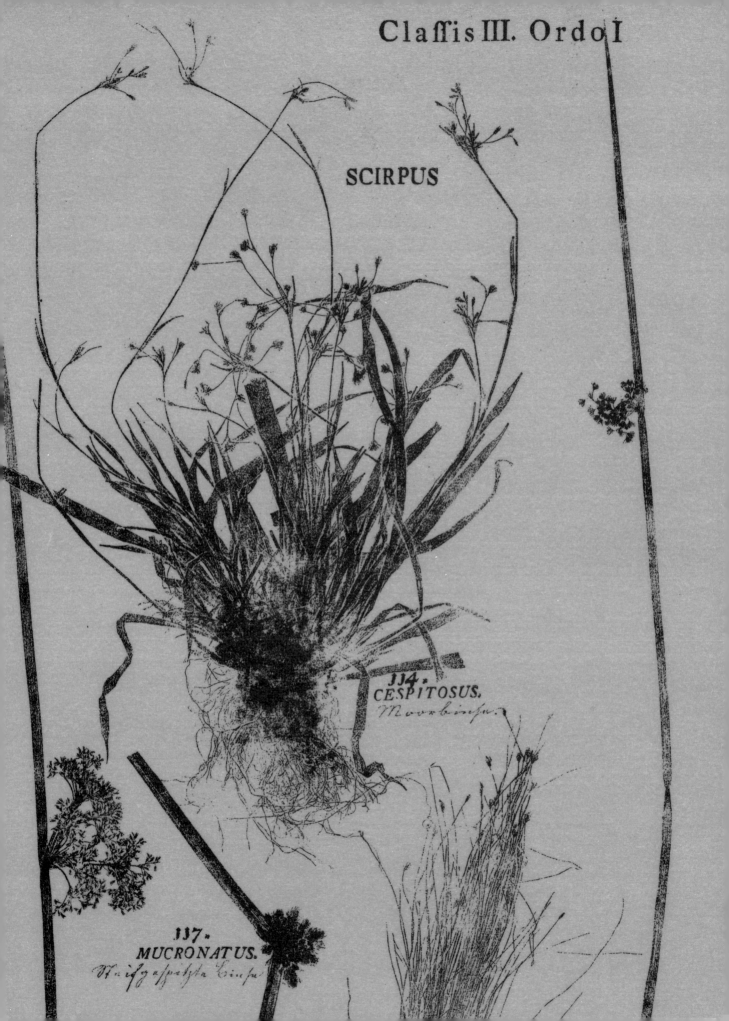

SCIRPUS

114.
CESPITOSUS.
Moorbinſe.

117.
MUCRONATUS.
Kurzgeſpitzte Binſe.

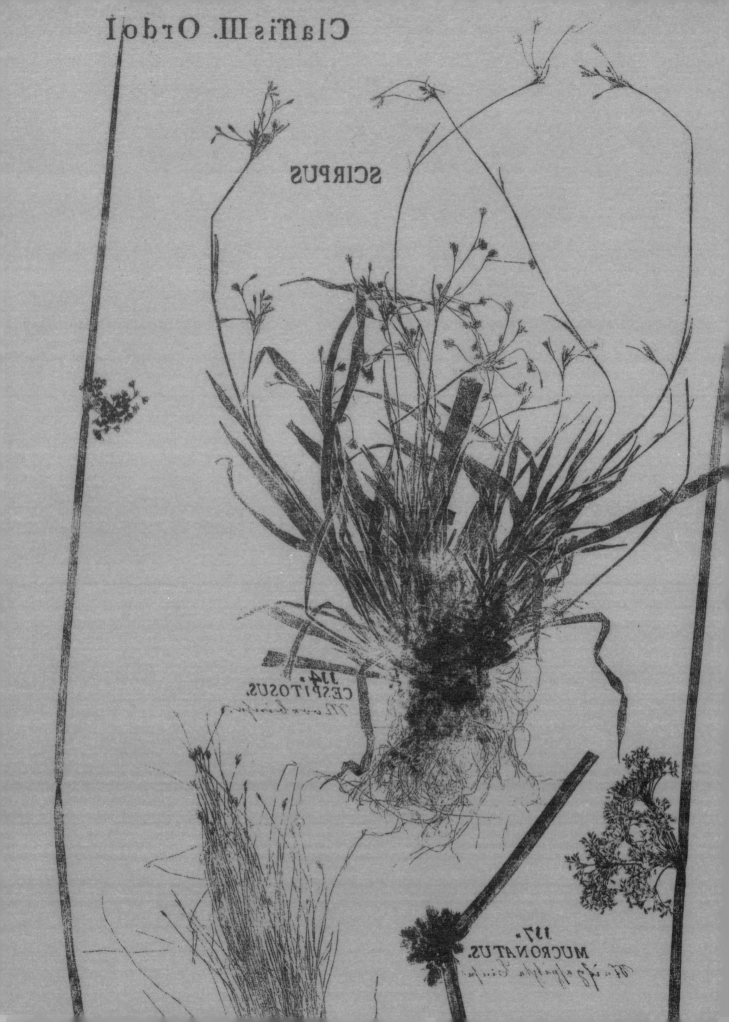

Kapitel
VII

Der innere Schlaf

Der innere Schlaf

DER GRIFF INS LEERE, TASTEND,
BERÜHRT EINEN HAUCH VON
WÄRME IM DUNKEL.
KÄLTE ZERRT AN SEINER HAUT.

DER GESCHMACK DER SONNE
VERLIERT SICH IM RAUM.

WO SEID IHR, BILDER, SÜSSE LAST
DES LICHTS? NUR IM RAUSCH
ZEICHNET IHR EUCH AB.

MUSS ICH GEHORCHEN, MIT MIR
SELBER REDEN, JEDEN SCHIMMER
LICHT VERBRAUCHEN FÜR EIN
BILD?

BILD FÜR BILD ERSCHEINT, IST
TRAUM UND ZUGLEICH
WIRKLICHKEIT. J. W. MÜLLER

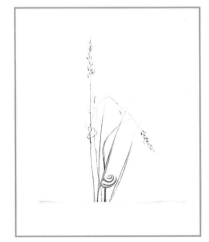

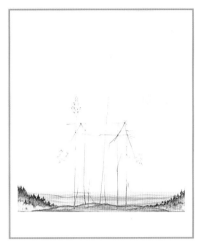

9

10

8

11

Künstliche Paradiese

Uhr-Zeiten

Meditation

Ulla

Der innere Schlaf

Ulla

Indianersommer

Rosenblätter, Spinnweben

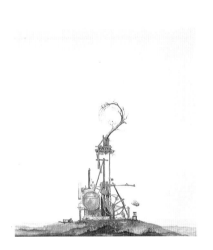

Konstruktion

Baumhaus

Eisprung

Winduhr II

Gesetzte Zeichen

Nachtnest

Sturmvogel

Mein mythischer Vorfahre

Abendwind

Nachtkonstruktion

Nachtschwingen

Winduhr I

Mitternachtsschatten

Der innere Schlaf

Japanisches Interieur, Licht und Schatten

Der innere Schlaf

Japanisches Interieur,
Werkstatt in Kyoto

Der innere Schlaf

Schatten

Der innere Schlaf

Erdgeister

Wassergeister

Berggeister

Der innere Schlaf

Triumph des Traumes

Der innere Schlaf

Ein Sommernachtstraum

W. Shakespeare
Schauspiel

Konzept des Sommernachtstraumes
zur ECO 92 Rio de Janeiro

Außenfassade:
An dem schwarz verhüllten Theater lehnen verbrannte
Urwaldriesen.

Foyer:
Ein verbrannter Raum, in der Mitte ein Eisenbassin
gefüllt mit schwarzem Öl.
Das Modell einer zerstörten Stadt.

Zuschauerraum und Bühne:
Der Wald ist das Innere eines schlafenden Menschen,
Bäume wie Rippen, Blätter wie Lungen.
Das Gesicht des Schlafenden liegt auf der Bühne.

Man sieht sich selbst schlafend, sieht sich aus dem
eigenen Herzen heraus. H. v. G.

Außenfassade, Entwurf

Sommernachtstraum, Außenfassade

Der innere Schlaf

Sommernachtstraum, Foyer, Ölsee mit verbrannter Stadt

Der innere Schlaf

Sommernachtstraum, Modell

II. Akt, Sommernachtstraum, Nacht

Tag

Der innere Schlaf

Der innere Schlaf
Anhang zu Kapitel VII

Deckblatt: Herbarium, 1787. A. Zollner, F. Xaver Eser – Erding

284
Sieben Aquarelle ohne Titel
Aquarell/Papier
60 x 50 cm
1978

285
8   Aquarell, ohne Titel
Aquarell/Papier
70 x 50 cm
1978

9   Konstruktion
Aquarell / Papier
27 x 25 cm
1978

10   Bildersprache
Aquarell/Papier
27 x 25 cm
1978

11   Wegmarke
Aquarell/Papier
27 x 25 cm
1978

286
Künstliche Paradiese
verschiedene Materialien,
Silber, Marmor
Höhe 28 cm
1982

Uhr – Zeiten
verschiedene Materialien,
bemaltes Silber, Marmor
Höhe 32 cm
1982

287
Meditation
Silber, Kupfer, Marmor
Ulla (Detail)
Höhe 23 cm
1982

289
Ulla
bemalter Gips, Silber,
verschiedene Materialien
95 x 55 x 45 cm
1980

290
Indianersommer
Öl/Holz
80 x 70 cm
1979

Rosenblätter, Spinnweben
Öl/Holz
50 x 47 cm
1982

Konstruktion
Öl/Holz
80 x 70 cm
1979

Baumhaus
Öl/Holz
40 x 30 cm
1979

Eisprung
Öl/Holz
50 x 47 cm
1980

Winduhr II
Öl/Holz
65 x 60 cm
1981

Gesetzte Zeichen,
Amazonasbild
Öl/Holz
90 x 80 cm
1981

291
Nachtnest
Öl/Nessel
40 x 30 cm
1979

Sturmvogel
Öl/Holz
65 x 60 cm
1979

Mein mythischer Vorfahre
Öl/Holz
97 x 90 cm
1980

Abendwind
Öl/Holz
65 x 60 cm
1979

Nachtkonstruktion
Öl/Holz
50 x 35 cm
1975

Nachtschwingen
Öl/Holz
80 x 70 cm
1979

Winduhr I
Öl/Holz
65 x 60 cm
1979

293
Mitternachtsschatten
Öl/Holz
90 x 100 cm
1985

295
Japanisches Interieur,
Licht und Schatten
Öl/Leinwand
95 x 95 cm
1995

297
Japanisches Interieur,
Werkstatt in Kyoto
Öl/Leinwand
95 x 95 cm
1995

299
Schatten
Öl/Holz
65 x 60 cm
1984

301
Erdgeister
Öl/Holz
100 x 90 cm
1994

302
Wassergeister
Öl/Holz
100 x 90 cm
1994

303
Berggeister
Öl/Holz
100 x 90 cm
1994

305
Triumph des Traumes
Öl/Leinwand
160 x 120 cm
1991

308
Skizze zum
Sommernachtstraum
Außenfassade des Theaters,
übermalte Fotokopie
30 x 40 cm
1992

309
Außenfassade des Theaters
Realisation, 1992

311
Foyer – Ölsee mit
verbrannter Stadt
Eisen, Öl, Holz, Papier

313
Modell
Sommernachtstraum
verschiedene Materialien

314/315
Szenenfotos
2. Akt/Zettels Traum,
Tag/Nacht
Fotos: Isabella Berr

Kapitel VIII

Erhalten

Karpfen im August II

Stilleben mit Herbstanemonen

Wintersonne, Vanitas

Morgenlicht

Im gelben Licht

Papageientulpen

Licht und Flügel

Herbststrauß, Mondlicht

Erhalten

Mexikanisches Interieur, Merida

Balkonbild

Das Leben auf dem Lande

Erhalten

Interieur – Exterieur, Mexiko

Tische, Boote; Brasilien

Abendwind

Tür und Tor

Erhalten

Erhalten
Anhang zu Kapitel VIII

Deckblatt: blau

320
Karpfen im Herbst I
Öl/Leinwand
95 x 95 cm
1993

Karpfen im Herbst II
Öl/Leinwand
95 x 95 cm
1993

Karpfen im August I
Öl/Leinwand
95 x 95 cm
1993

321
Karpfen im August II
Öl/Leinwand
95 x 95 cm
1994

322
Stilleben mit
Herbstanemonen
Öl/Leinwand
95 x 95 cm
1994

323
Wintersonne, Vanitas
Öl/Leinwand
95 x 95 cm
1994

324
Morgenlicht
Öl/Holz
80 x 70 cm
1988

324
Im gelben Licht
Öl/Holz
65 x 60 cm
1988

325
Papageientulpen
Öl/Holz
100 x 90 cm
1994

326
Licht und Flügel
Öl/Holz
70 x 80 cm
1988

327
Herbststrauß, Mondlicht
Öl/Wachs/Holz
80 x 90 cm
1993

329
Mexikanisches Interieur,
Merida
Öl/Leinwand
160 x 120 cm
1993

330
Balkonbild
Öl/Holz
100 x 90 cm
1989

331
Das Leben auf dem Lande
Öl/Holz
100 x 90 cm
1985

333
Interieur – Exterieur, Mexiko
Öl/Holz
100 x 90 cm
1993

334
Tische, Boote; Brasilien
Öl/Holz
70 x 80 cm
1992

Abendwind
Öl/Holz
90 x 100 cm
1993

335
Tür und Tor
Öl/Holz
90 x 80 cm
1994

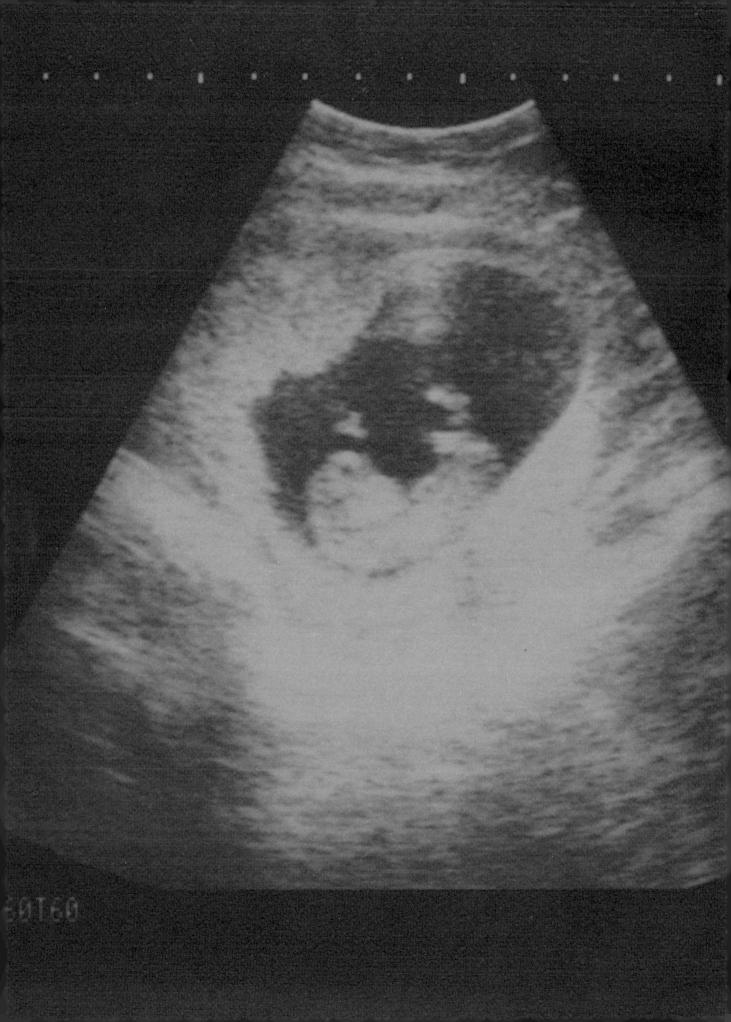

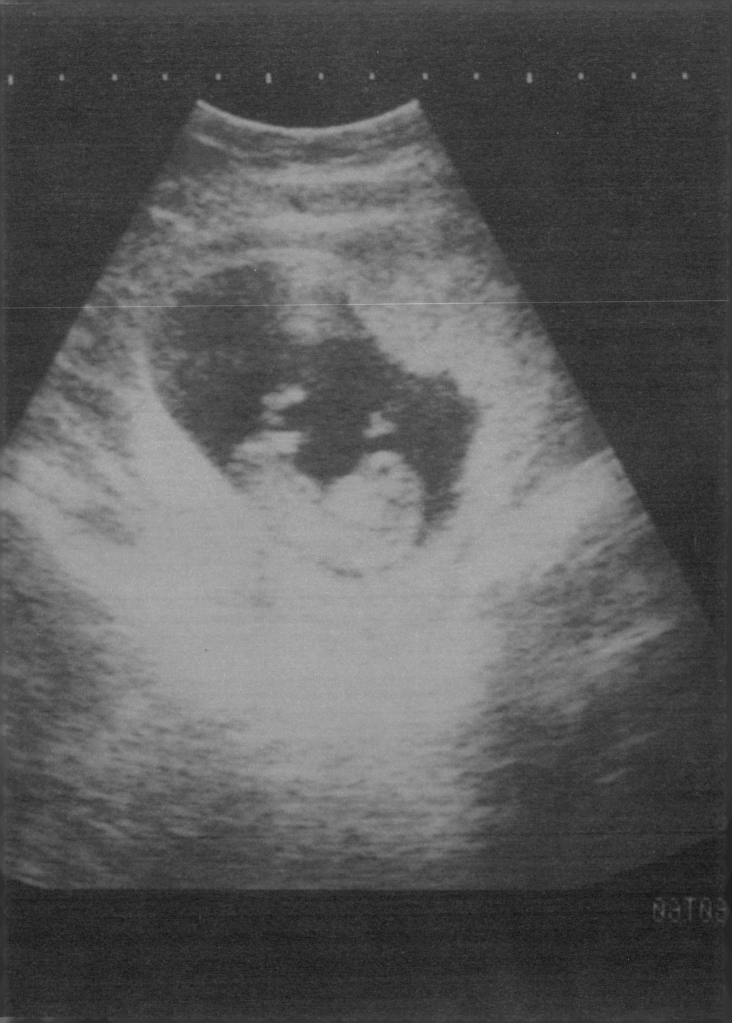

Kapitel
IX

Liebe

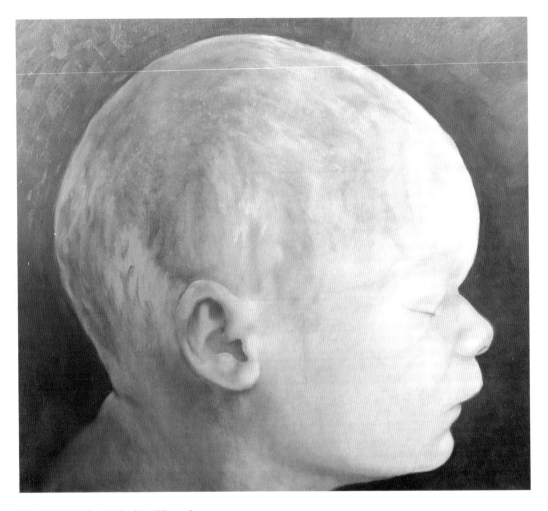

Maria Stella, Portrait einer Neugeborenen

Geburtstagsstrauß

Liebe

Wasser und Brot und Kind

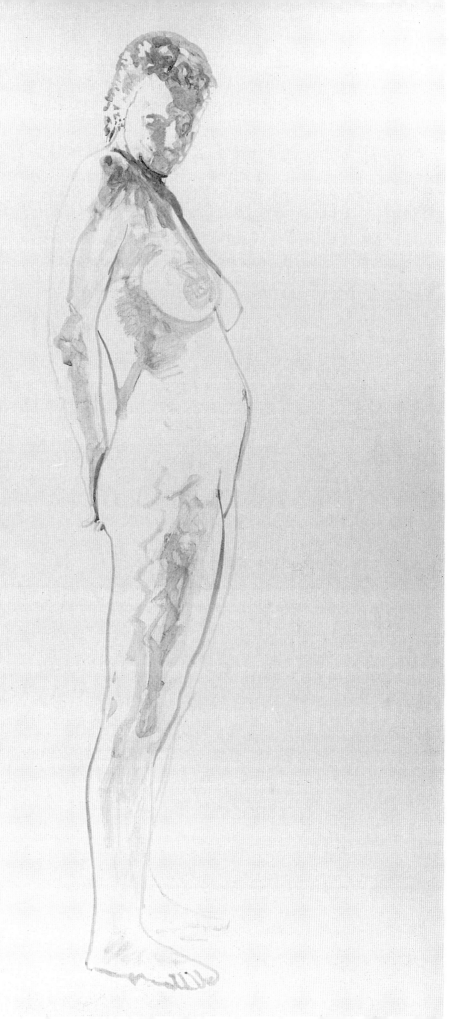

Liebe

atmen

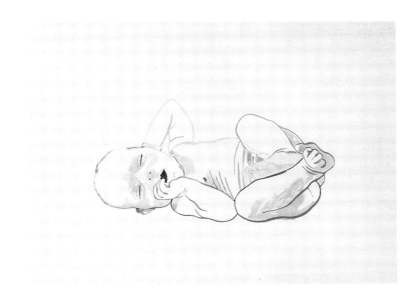

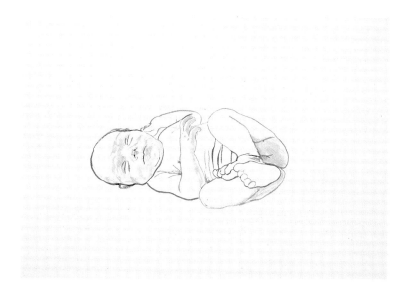

Liebe

Madonna im Spiegel

Liebe

Fleisch und Blut II

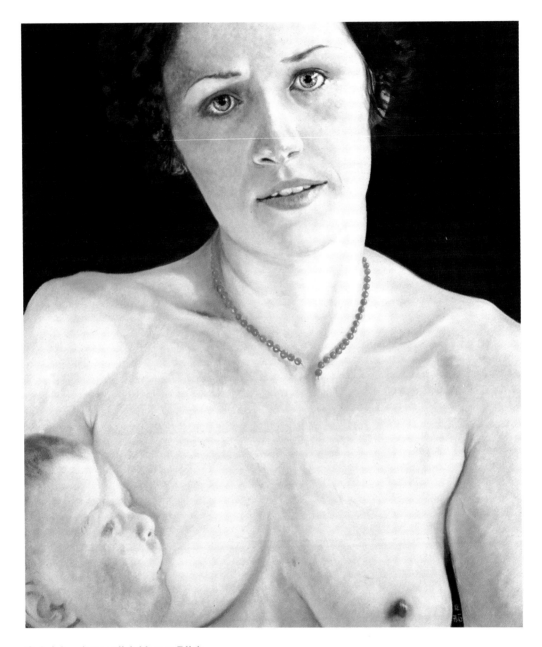

Gabriele mit ängstlich klarem Blick

Aphrodite

Liebe

Feuertür

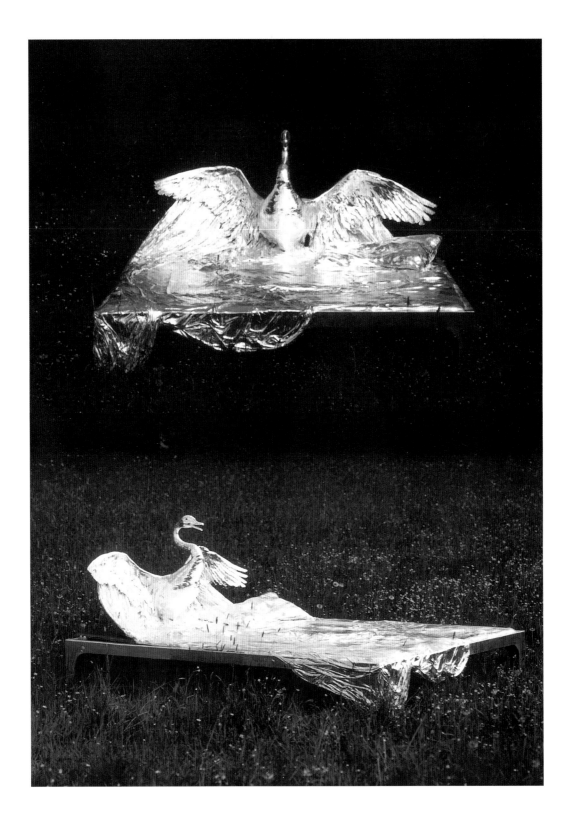

Lohengrin

von Richard Wagner
Romantische Oper in 3 Akten

Eine Oper über die unirdische, vegetative Liebe.

Lohengrin – Elsas Vision ihres erwachsenen Bruders
Gottfried. Die Schwester erträumt Gottfrieds
Erwachsenwerden in der Materialisierung Lohengrins.
Es geht nicht um einen »himmlischen« Gatten,
sondern um den Bruder Gottfried als Heerführer, als Mann.

Eine Oper über die Geschwisterliebe, über Gottfrieds
Wiedergeburt – vom Kind zum erwachsenen Mann. H. v. G.

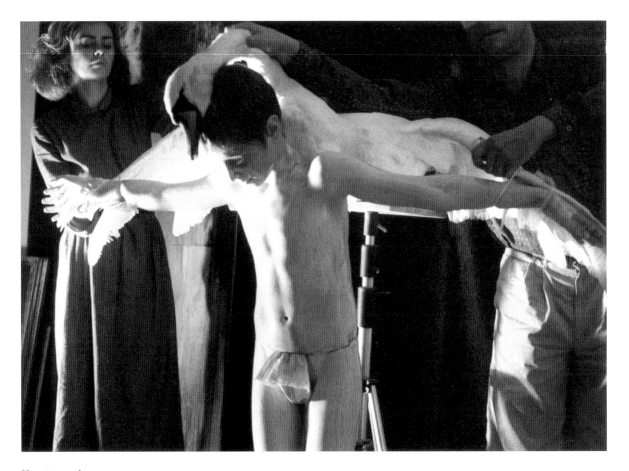

Kostümprobe

Winter, Bild der Not

Gottesgericht

Lohengrins Erscheinen

Liebe

Mondaufgang

Elsas Vision

Einzug der Frauen

364

Heilige Hochzeit, Sommer

Liebe

Brautgemach

Brautgemach

Rückkehr des Winters

Schlußszene, Schneesturm

Liebe

Liebe
Anhang zu Kapitel IX

Deckblatt: Ultraschall, Maria Stella, 26. 1. 1995

340
Maria Stella
Portrait einer Neugeborenen
Öl/Leinwand
90 x 100 cm
1995

341
Geburtstagsstrauß
Öl/Holz
60 x 65 cm
1985

343
Wasser und Brot und Kind
Öl/Leinwand
120 x 160 cm
1991

344
Skizze zu Rote Tage
Tusche/Papier
50 x 70 cm
1995

347
atmen
Öl/Leinwand
120 x 160 cm
1991

348/349
Vier Tuscheskizzen zu Liebe
Tusche/Papier
50 x 70 cm
1994

351
Madonna im Spiegel
Öl/Holz
-105 x 100 cm
1982

353
Fleisch und Blut II
Öl/Holz
100 x 90 cm
1991

354
Gabriele mit ängstlich
klarem Blick
Öl/Holz
80 x 70 cm
1982

355
Aphrodite
Öl/Holz
103 x 91 cm
1982

357
Feuertür
Öl/Holz
190 x 89 cm
1989

358
Schwanenbett für die
Inszenierung Lohengrin
verschiedene Materialien,
Silber auf Holz
240 x 240 x 155 cm
1986

360
Kostümprobe Gottfried
Lohengrin, Bayreuth
1987

361
Kostümentwurf für Gottfried
Mitteltafel des Triptychons
Elsa, Gottfried, Lohengrin
Öl/Holz
je 200 x 90 cm
1986

362–367
Aufführung Lohengrin,
Bayreuth, 1987
I. Akt
Winter, Bild der Not
Gottesgericht

363
Lohengrins Erscheinen

364
II. Akt
Mondaufgang
Elsas Vision
Einzug der Frauen

365
Heilige Hochzeit, Sommer

366
III. Akt
Brautgemach
Rückkehr des Winters

367
Schlußszene, Schneesturm
Fotos: Isabella Berr

Liebe

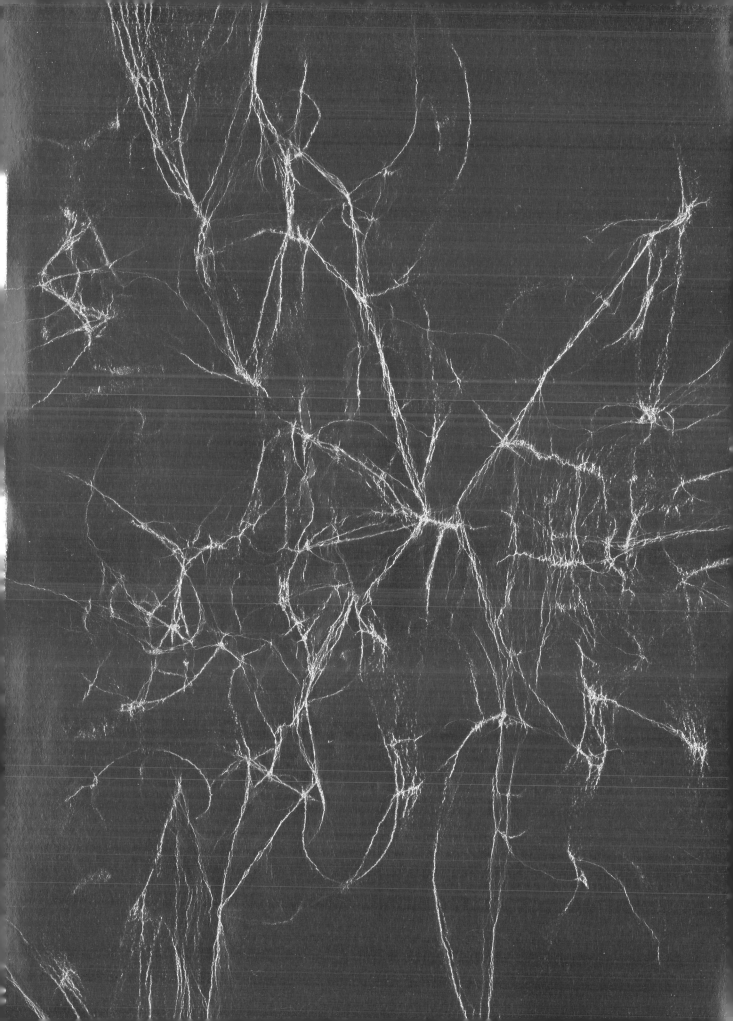

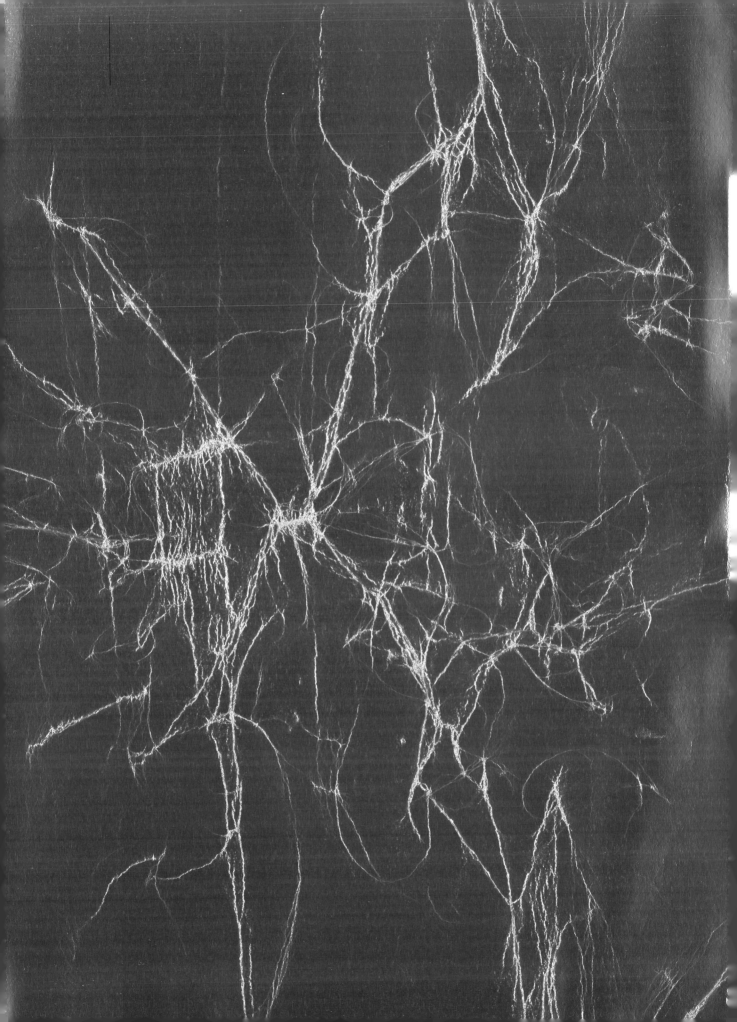

Kapitel
X

Der klare Weg

Der klare Weg

Seit Tagen lag der Maler fiebernd auf seiner Holzpritsche in dem hinteren abgedunkelten Teil eines Nebenraums im Haus seines Bruders. Die Kammer, in der Wasserkrüge und Brennholz aufbewahrt wurden, hatte einen festgetretenen Lehmboden und durch eine aus Latten zusammengenagelte Holztür, die oft nur angelehnt war, erreichte man ebenerdig die Gassen, die in diesem Teil der Stadt nicht befestigt waren. In der Umgebung hatten sich kleinere Tuchhändler und Handwerker niedergelassen, die in der morgendlichen Kühle hämmernd, lärmend und rufend ihren Geschäften nachgingen. Weiter stadtauswärts, wo die Töne der Geschäftigkeit nur mehr zu einer stillen Kulisse wurden aus der noch hie und da ein besonders lauter Ton hervorhob, um sich dann im Wind zu brechen, und schon die Geräusche der eigenen Schritte alles andere zu übertönen vermochten, stieg die Gasse, aus der nun ein schmaler Pfad geworden war, gegen einen Hügel an, der mit wenigen Zypressen bestanden war, die so, besonders an klaren Tagen, gegen den blauen Grund des Himmels körperlich wurden und nach einer Geschichte tasteten. Im Ansteigen verzweigte und kreuzte sich der Pfad mit anderen zu einem Geflecht von Wegen, deren Ziel und Herkunft nur den wenigen Bewohnern am Rand der Hügel einsichtig waren, die das Netz der Pfade zu unterschiedlichsten Zwecken nutzten. In der Kammer ließ, vor den halbgeöffneten Läden des Fensters, das Flirren der Mittagshitze die Konturen der Gassen zu einer gleißenden Luftmauer zerfließen. Frost wogte in kurzen Wellen durch den Körper des Malers. Durch das Zittern seiner Glieder ahnte er die erlösende Ermattung, die den Fieberschüben folgte und ihn auf einer Woge warmer Geborgenheit zurück in die Welt seiner Gedanken tragen würde und diesmal ohne die Gefechte von Worten, in die ihn der Bußprediger jeden Tag aufs neue während der frühen Morgenstunden zu verstricken wußte.

Mit dem letzten Hauch der Morgenkühle war auch der Brandgeruch des anbrechenden Tages verweht. Seit Wochen wurde am Ende beinahe jeder Nacht, vor den Stunden der Morgendämmerung, Feuer in der Stadt gelegt. Bisher war es den Stadtknechten noch nicht gelungen auch nur einem der Feuerleger habhaft zu werden. Sie entfachten stets mit einem Bündel Zypressenreisig, ohne irgendeinen offensichtlichen Grund, hölzerne Vorbauten oder Stallungen und bisher konnte Schlimmeres nur durch Zufall, dem beherzten Eingreifen der Bewohner der umliegenden Häuser, und seit sich die Brände häuften, der fieberhaften Aufmerksamkeit, die sich der Menschen in der Stadt bemächtigt hatte, verhindert werden. Die Priester und Räte machten eine Gruppe fanatischer Pilger dafür veranwortlich, die das Böse und Lüsterne aus den Gedanken der Stadt ausbrennen wollte; die Kaufleute glaubten an einen Rachefeldzug der Seidenspinner der benachbarten Provinzen, denen die Advokaten und Angehörigen der hiesigen Zünfte das Handelsmonopol abgejagt hatten; der Kommandant der Stadtwache vermutete eine Bande von Dieben, die im Gefolge des um sich greifenden Feuers und der dann einsetzenden Verzweiflung und Verwirrung plünderten. Er ließ in den betroffenen Stadtvierteln verstärkt Wachen durch die nächtlichen Gassen ziehen. Jedoch loderte das Feuer stets in einem anderen ungeahnten Teil der Stadt auf, den niemand vorherzusehen vermochte.

Der Bußprediger, der die eifernden Pilger der Stadt jeden Tag zur größten Hitze der Mittagszeit auf dem Marktplatz mit seinen Reden aufzujagen vermochte, war seit vielen Morgen zu ihm gekommen, immer gerade zu der Stunde, in der die Erschöpfung einer fiebrigen Nacht von ihm abfallen wollte und eine tiefe Ruhe sich über seine Gedanken hätte legen können. Noch im Aufwind begann der Prediger stets mit seiner monotonen eindringlichen Stimme die Ebenen und Welten jener Gedanken in Kammern zu zerteilen, verwebte Durchgänge mit dem Gespinst seiner Sätze und verlöschte das Bild der Venus, das sich vor seinen Augen verdichten wollte, das Bild des einzigen Wesens, dessen Erscheinen den Wind in seinen Bildern losließ und an deren Stränden er sie nackt in der Gischt liegen gesehen hatte, wie die Muscheln an Land gespült und noch nicht der Luft und dem Land zugehörig. Der Maler hatte von diesem Wesen, das nun die Welt seines Inneren entzündete und zu einem ungeahnten Leben erweckte, ein Bild gemalt, das die Menschen, die es sahen, verstummen ließ und sie verließen den Maler und sein Bild mit einer brennenden Gewißheit, die sie nicht in Worte fassen wollten. An dem Tag, an dem der Prediger die Menschen von diesem Bild hatte erzählen hören, begannen die morgendlichen Besuche.

Während des Gesangs der Worte und der aufkommenden Hitze des Tages versank der Maler wiederum in Fieberfrösteln. So wandte sich der Prediger ebenso grußlos wie er gekommen war zum Gehen. Die Mittagssonne erhitzte das Braun seiner Kutte und unter den Schatten, die ihre Strahlen scharf in sein Gesicht schnitten, verbarg er die Hochstimmung ob der unübersehbaren Wirkung seiner Worte, die ihn nun durch die Gassen dem Marktplatz zutrieb.

Unter den Wächtern der Stadt erfreut sich nun jeden Abend ein Wettspiel steigender Beliebtheit. Mit ihren Lanzen zeichneten sie die Straßen und Plätze der Stadt, durch die sie täglich kreuz und quer patrouillierten, so gut sie es in ihrer Erinnerung vermochten, in den Staub der Wachkaserne. Tiefere Furchen markierten die Grenzen der Stadtviertel und die Befestigungsmauern, ein Gespinst feiner Linien, führte von ihnen weg zu den wichtigsten Plätzen und Bauwerken, die sie mit dicken Steinen markierten. Mit Hilfe der Lage dieser Steine erneuerten die Soldaten am Morgen, nach der Wachablösung, das Netz der Gassen, sollten ein Sommerregen oder Fallwinde, die die Hitze und den Staub von den vorgelagerten Hügeln in die Stadt brachten, den Plan zerstört haben. Der Wetteinsatz war ein Faß Branntwein und gewonnen hatte derjenige, der die Feuerstelle des aufgehenden Tages mit Hilfe eines farbigen Steines, den sie auf ihre Strichzeichnung auslegten, am genauesten vorherzusagen vermocht hatte. Zum Zorn der Soldaten konnte an diesem Morgen einer der Torwachen den ausgesetzten Preis auf einen Leiterwagen packen und in seine Wachstube bringen, wo dieser mit Hilfe des Branntweins dem beginnenden Tag sogleich die Aussicht auf Langeweile und den erschöpfenden Strahlen der Sonne ihre Schärfe zu nehmen hoffte. Zu vorgerückter Stunde und auf stetes Drängen seiner Kameraden, wie er denn die Feuerquellen so genau habe erraten können, hatte der Wächter mit seiner vom Trinken ermatteten Zunge behauptet, aus den Verbindungslinien der Brandherde einen Kreis mit einem Kreuz am unteren Rande konstruieren zu können, er habe lediglich die noch fehlenden Punkte ergänzt. GÜNTER STÖBER 1995

Kreuzwege

Friedhof I

Alter Nordfriedhof, Seitenwege

Friedhof II

...und aus den Wiesen steiget

Meditation

Mäander

St.-Andreas-Graben

Ruinenweg

Der klare Weg

Strandsteine

Sonnenwege

Wasserspuren

Lebensbaum

Der klare Weg

Einfluß der Dunkelheit

Dunkle Tage

Der klare Weg

Abendlicht

Überfahrt, Styx

Der klare Weg

Umkehr

Der klare Weg
Anhang zu Kapitel X

Deckblatt: Gold

377
Kreuzwege
Öl/Leinwand
115 x 115 cm
1985

378
Friedhof I
Öl/Holz
100 x 100 cm
1985

Alter Nordfriedhof,
Seitenwege
Öl/Holz
80 x 90 cm
1985

379
Friedhof II
Öl/Holz
90 x 100 cm
1985

381
...und aus den Wiesen
steiget
Öl/Leinwand
115 x 100 cm
1982

383
Meditation
Öl/Leinwand
115 x 100 cm
1980

385
Mäander
Öl/Holz
70 x 80 cm
1989

387
St.-Andreas-Graben
Öl/Holz
90 x 100 cm
1988

389
Ruinenweg, 2teilig
Öl/Holz
140 x 80 cm
1982

391
Strandsteine
Öl/Holz
90 x 100 cm
1988

392
Sonnenwege
Öl/Leinwand
130 x 80 cm
1984

393
Wasserspuren
Öl/Leinwand
130 x 80 cm
1984

395
Lebensbaum
Öl/Holz
60 x 55 cm
1980

397
Einfluß der Dunkelheit,
Nachtmeerchen
Öl/Holz
76 x 70 cm
1985

399
Dunkle Tage
Öl/Holz
88,5 x 96 cm
1981

401
Abendlicht
Öl/Holz
70 x 80 cm
1989

Überfahrt Styx
Öl/Holz
90 x 100 cm
1989

403
Umkehr
Öl/Holz
80 x 90 cm
1989

Zehn Gebote , 10teilig, 1993–95,
600 x 240 cm, Öl auf Leinwand.
Diese großformatige Arbeit gibt Auskunft über ein persönliches Wertesystem, das dem
Schaffen Henning von Gierkes zu Grunde liegt, und bietet einen Schlüssel zum besseren
Verständnis seiner Arbeit. Für mich war »Zehn Gebote« Grundlage für die Ordnung und
den Aufbau in diesem Buch. J. W. MÜLLER

ZEHN

Die Achtung	Selbsterkennen	Leidensfähigkeit	Bildersuche	Lust
Aussöhnung	Der innere Schlaf	Erhalten	Liebe	Der klare Weg

GEBOTE

ZEHN

Die Achtung	Selbsterkennen	Leidensfähigkeit	Bildersuche	Lust
Aussöhnung	Der innere Schlaf	Erhalten	Liebe	Der klare Weg

GEBOTE

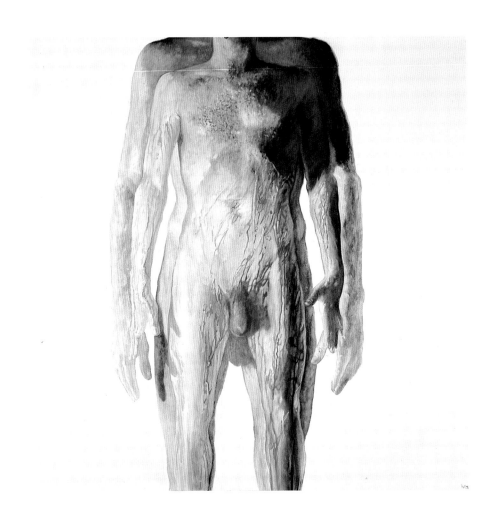

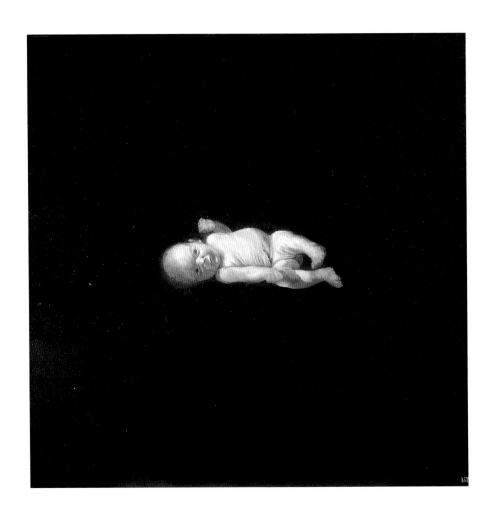

DAS BILD DAS VOM HIMMEL FIEL

Die Höhle verliert sich im kühlfeuchten Dunkel ihrer langen, steinernen Gänge, die immer tiefer in den Berg hineinführen. »La Pileta«, »Weihwasserkessel« wurde sie nach einem kleinen, von frischem Quellwasser gespeisten Becken von ihren Entdeckern getauft. Nicht einmal hundert Jahre ist das her. Bis dahin lag die Höhle Jahrtausende im Kalksteinkarst andalusischer Berge verborgen. Eine kleine, gewundene Straße schraubt sich in steilen Serpentinen hinauf, die letzten dreihundert Meter führt ein schmaler Pfad zum Eingang. Menschenleer scheint die Gegend. Stille herrscht, nur der Wind, der vom Tal herauf weht, raschelt in sommerlich verdorrten Grasbüscheln zwischen sonnenheißen Steinen und dunklen Felsbrocken. Von hier aus kann der Blick weit schweifen: bräunlich rötliche Hügelketten verlieren sich im blauen Dunst der Ferne, unten, im schmalen Grün des Tales, drängen sich die weißen Häuser eines Dorfes.
Vom gleißenden Licht in samtene Dunkelheit. Die Höhle verschluckt jedes Geräusch. Der Lichtkegel der Lampe erfaßt bizarre Formen, in Jahrmillionen gewachsen, versinterte Säulen, versteinerte Wasserfälle. Und Spuren von Menschen, die sich in vorgeschichtlicher Zeit immer wieder in die Höhle zurückgezogen haben. Schmauch- und Rußspuren, längst von Kalk überzogen, zeugen von Feuerstellen im Inneren des Berges, haben die Wand mannshoch geschwärzt. Im Lichtschein, der über den Felsen gleitet, ist plötzlich ein Bild zu sehen. Ergebnis eines schöpferischen Prozesses. Vor etwa 15 000 Jahren arbeitete hier ein Mensch in der nachtschwarzen Höhle, schuf ein Kunstwerk. Mit einigen sicheren, eleganten Linien hat er oder sie mit Kohle einen Pferdekopf gezeichnet, hat Farbakzente gesetzt aus gelbem Ocker und rotem Eisenoxyd. Farben, die auch die Landschaft draußen vor der Höhle prägen. Einige Schritte weiter ein Hirsch, eine Ziege, tiefer in der Höhle, hinter einer Biegung, sind trächtige Tiere dargestellt. Bis in das 9. Jahrtausend kamen immer wieder Menschen in die Höhle und malten Bilder auf die Wände, darunter auch Darstellungen von Menschen. Jäger offenbar: schwarze, stilisierte anthropomorphe Wesen im Strichmännchenstil. Einer spannt gerade seinen Bogen, hebt ihn, um zu zielen. Zu sehen sind in der Berg- und Höhleneinsamkeit Spuren gelebten Lebens. Menschen, die vermutlich Glück empfanden und Leid, die, wie wir, im Laufe ihres Lebens aus der Fülle der Erinnerung schöpften, die voll Lust lebten und liebten. Sie schufen die Bilder, die sie in sich trugen, Bilder, die wie Botschaften erhalten blieben. Es sind Bögen über tausende von Jahren, Blitze aus einer dunklen Vorzeit. In der Höhle vergegenwärtigten die frühesten Vorfahren offenbar, was sie gesehen hatten, schufen Abbilder der Urbilder, die ihnen draußen begegneten. Vielleicht war es ein religiöser Akt der Beschwörung in der Tiefe des Berges, um im Darstellen der Tiere und Menschen und damit im Benennen das eigene Dasein ordnen zu können. Wir wissen nicht, ob die dunkle Spalte der Erde den Menschen in dieser unvordenklichen Zeit als Kultplatz diente, ob in schamanischen Riten Tiergeister angerufen wurden, Jagdglück und Fruchtbarkeit erfleht wurden. Einiges spricht angesichts der Bilder dafür. Immerhin fühlte ein Künstler unseres Jahrhunderts, konfrontiert mit afrikanischen Fetischen und Masken, die beschwörende Wirkung der Bilder. Ihre bannende Kraft faszinierte Picasso und er betonte im Gespräch mit André Malraux: »Die Fetische dienten alle demselben Zweck. Es waren Waffen, die den Menschen halfen, sich nicht den Geistern zu unterwerfen, sondern unabhängig zu werden, Werkzeuge. Wenn wir den Geistern eine Form geben, werden wir unabhängig. Die Geister, das Unbewußte, das Gefühl: alles dasselbe. Ich weiß, warum

ich Maler geworden bin.« Ob jene Vorfahren, jene frühesten Künstler in »La Pileta« oder in anderen Höhlen auch Formen fanden für das Übersinnliche, wie die Bilder anzudeuten scheinen, ob die Menschen also angesichts ihres Lebens im Bewußtsein der Pole Geburt und Tod ähnlich empfanden wie wir, bleibt Vermutung, die auf Anhaltspunkte, eben die Bilder, angewiesen ist. Die Geschichte enthüllt uns ihr Geheimnis nicht. Was wirklich geschah, wird in der Tiefe des unauslotbaren Brunnens der Vergangenheit, mit dem Thomas Mann seinen Josephsroman beginnt, verborgen bleiben. Die Bildersuche führt deshalb stets in das Dunkel des Mythos.

Eine Erinnerung an einen Gottesdienst in einer der Kirchen der nordgriechischen Stadt Thessaloniki. Ich hatte gerade die Mosaiken im Deckengewölbe betrachtet, als die Kirche sich mit Gläubigen füllte. An einem der dicken Pfeiler stand auf einem kleinen, weißgedeckten Tisch eine Christusikone. Sie war eines von vielen Bildern im Raum. Die Gestalt Jesu Christi, in Gold und Silber gefaßt, dem Betrachter zugewandt, ihn ernst anblickend, die eine Hand zum Segenszeichen erhoben, mit der anderen die Bibel haltend. Kerzen waren davor entzündet, ein Öllämpchen, das ewige Licht, flackerte. Die Ikone schien den Schein nicht zu reflektieren, sondern selber zu leuchten. Jeder, der in die Kirche trat, beugte das Knie vor dem Bild, schlug das Kreuz und deutete einen Kuß an. Ich saß im Halbdunkel einer Nische, folgte dem liturgischen Singsang, den Riten und beobachtete, wie nach einer Weile der Priester und seine Helfer mit dem Weihrauchgefäß feierlich vor jede Ikone zogen, besonders vor das Bild Christi, wie blaugraue Schwaden die Figur umwölkten, wie ihre Umrisse in Rauchschleiern verschwammen. Später, beim Hinausgehen, blieben die Menschen erneut stehen vor der Ikone, um dem Bild ihre Ehrerbietung zu zeigen. Ein fremder Ritus. Gleichwohl macht er die Kraft des Bildes deutlich. Denn die Ikone ist mehr als eine symbolische oder gar nur illustrative Darstellung Christi, Mariä, der Engel oder Heiligen. Sie ist vielmehr genaues Abbild der eigentlichen Gestalt. Deshalb kreiert der Ikonenmaler auch nicht Figuren seiner Phantasie. Das Bild ist nicht seine Komposition und er fühlt sich nicht als Künstler im herkömmlichen Sinn. Er malt vielmehr nach einem genau festgelegten Vorbild, das seinerseits als wahrhaftiges Bild des Originals seit Generationen überliefert ist. Stets begründen mythische Geschichten diese Tradition. So wird etwa erzählt, das erste Bild, von dem die Kopien stammen, sei vom Himmel gefallen. Oder der Evangelist Lukas habe Maria gemalt. Das Bild zeigt demnach die wirkliche Gestalt. (Der hl. Lukas galt deshalb als Schutzpatron der Malerzünfte des Mittelalters und der frühen Kunstakademien, sein Symbol, der Ochse, wurde zum Emblem der Malerei überhaupt.) Die Ikone also als das »vera eikon«, das wahre Bild, das im Abbild das Urbild gegenwärtig werden läßt. Nicht Erinnerung bedeutet das an Christus oder an Maria, sondern die Gegenwart des Heiligen, das im Jetzt manifest wird. Das Bild als Stellvertreter, das die lineare Zeit auflöst, über Jahrhunderte, Jahrtausende Gegenwart schafft. Das ist das Mythische am Bild, das auch notwenig mythisch entstanden ist: Was in illo tempore, in jener Zeit geschah, wird hier und im Augenblick zum Ereignis.

Damit verknüpft sich ein anderer jüdisch-christlicher Mythos von der Bildentstehung, der vom frühesten schöpferischen Prozeß erzählt. Auf ihn wurde ich auf einer Wanderung, wiederum in Griechenland, aufmerksam. Im Schatten einer Klostermauer hatte ich Rast gemacht und beobachtete einen Mönch. Er war schwarz gekleidet, hatte, wie üblich, seine langen, silbernen Haare hinten zu einem Zopf gebunden und den dunklen Hut auf dem Kopf. Ich sah, wie er vor einem anderen, jüngeren Mönch unvermutet das Knie beugte und dessen Mantelsaum küßte. Später gab er mir auf meine Fragen bereitwillig Auskunft. Gott, heißt es in der Schöpfungsgeschichte, hat den Menschen nach seinem Abbild geformt. Das bedeutet, daß die Menschengestalt damit eine

Art Selbstportrait der Gottesgestalt ist, daß der Mensch Gottähnlichkeit hat. Wir verehren, erläuterte der Mönch, in dem anderen das Heilige, das in ihm manifest wird.

Auch hier wird im Abbild das Urbild verehrt. Die Geschichte erzählt aber noch mehr, daß nämlich das erste Bild, das geschaffen wurde, metaphysischen Ursprungs und ein Portrait, genaugenommen ein Selbstportrait ist. Im Bildnis, von dessen Ursprung der Mythos erzählt, manifestiert sich also paradoxerweise die Anwesenheit des Abwesenden. Denn im Abbild verkörpert sich das Original. Das zeigt sich auch heute noch, in gänzlich, profanen Bereichen: In den Fotografien der Staatsoberhäupter, in den Amtsstuben etwa, wird, insbesondere in Diktaturen, die Gegenwart herrschender Macht deutlich. Ein Spiel übrigens zwischen Distanz und Nähe: fern und unnahbar und doch mit den Augen greifbar und allgegenwärtig.

Noch ein dritter Mythos erzählt davon wie Bilder entstanden. Und auch er bezieht sich auf das Bildnis und seine Kraft. Wird ein Mensch portraitiert, hat die Künstlerin oder der Künstler zum Gegenüber Distanz. Manchmal ist sie so groß, daß die Arbeit nicht den zentralen Punkt berührt. Der Schriftsteller James Lord, der Giacometti saß, schildert eindrucksvoll die Qualen des Künstlers, der die von ihm gesehene Wahrheit nicht so in die Arbeit umsetzen kann, wie er das für angemessen hält. Umgekehrt bleibt beim Selbstbildnis zuweilen keine Distanz. Denn Portaits der eigenen Person sind stets Selbstdarstellung. Der schöpferische Akt ist reflexiv, bedeutet also gewissermaßen ein Nachdenken über sich selbst – so sehe ich mich. Das hat narzistische Elemente. Der Mythos von Narkissos, der sich im Wasser eines Teiches erblickt und sich in sein Spiegelbild verliebt, das für ihn nicht Abbild, sondern lebendige Gestalt ist, erzählt auf andere Weise von der Entstehung des Bildes. Wie bei Narkissos übrigens sind Künstlerinnen und Künstler beim Abbilden der eigenen Person auf den Spiegel angewiesen. Sie sehen sich, wie es so schön heißt, seitenverkehrt. Deshalb betrachten manche ihr Werk dann noch einmal mit einem Spiegel, um so Distanz zum gewohnten Selbstbild zu bekommen. Eine mehrfache Brechung. Man ist sich fremd, wenn man sich so wahrnimmt wie die anderen.

Der Spiegel ist wichtig. Denn er ist nicht nur Symbol der Eitelkeit, im modernen Sinn narzistischer Selbstbespiegelung, sondern auch Sinnbild der Erkenntnis. In der Hölle gibt es keine Spiegel, deshalb keine Selbsterkenntnis und damit keine Dynamik, so eine der Aussagen des Sartre-Stücks »Hinter geschlossenen Türen«. Das Bild, das der Mensch sich von sich macht, macht er, indem er sich wahrnimmt. Das ist die Voraussetzung zum Prozeß, Erkenntnis über sich zu gewinnen. So stehen wir, und das ist allemal das Spannende an Bildnissen, vor Einblicken, die uns die gewähren, die diese Bilder geschaffen haben. Einblicke in innere Welten, psychische Befindlichkeiten, in Angst, Schrecken, Fröhlichkeit, Stärke, Zerrissenheit. Insbesondere in Selbstportraits gibt sich die Malerin, der Maler uns preis, offenkundiger als in anderen Werken.

Selbstbildnisse können aber auch in ganz anderer Weise Erkenntnis formulieren. Erkenntnis über das Sein in dieser Welt. Nämlich da, wo sie den Weg der Vergänglichkeit beschreiben. Man denke bloß an die berühmten Rembrandt-Selbstbildnisse, die anrührend die inneren Stationen dieses Lebens vor Augen führen. Selbstbildnisse haben hier etwas Autobiographisches. Corinth, der eine unübersehbare Menge von Selbstportraits hinterlassen hat, hat sich einmal in seinem Atelier vor den Dächern von Schwabing mit einem Skelett gemalt. Der Tod als äußerster Punkt, als Punkt des Verschwindens, um von da aus die eigene Existenz, das Woher und Wohin zu begreifen.

Genau das weht die Besucher der Höhle von La Pileta angesichts der Bilder der Tiere und Jäger, der Szenen von Geburt und Tod, von Fruchtbarkeit und Vergänglichkeit auch an. WILHELM WARNING

HENNING VON GIERKE
GEBOREN 1947 IN KARLSRUHE

Ausstellungen	Filmausstattungen	Theaterarbeiten

1968
München, Foyer des Off-Off-Theaters
1971
Wiesbaden, Plattenhaus Langgasse
1972
Aachen, Foyer des Grenzlandtheaters
1973
Berlin, Kleine Weltlaterne
1974
Berlin, Galerie November
München, Galerie Tègü

1975
Wuppertal, Galerie Brauda
Berlin, Galerie November

Filmausstattung »Kaspar Hauser«;
Bundesfilmpreis in Gold
für die Ausstattung

1976
Nürnberg, Galerie Voigt

Filmausstattung »Herz aus Glas«

1977
München, Galerie Rutzmoser
Köln, Galerie Orangerie Reinz
seit 1977 feste Zusammenarbeit mit der
Galerie Orangerie-Reinz Köln;
Gruppenausstellungen und Messe-
beteiligungen in der Schweiz, Spanien,
Fankreich und USA

Filmausstattung »Strozek«

1978
Hamburg, Galerie Preuss

Filmausstattung »Woyzeck«,
»Nosferatu«;
Silberner Bär für »Nosferatu«
Berlinale 78

1979
Köln, Galerie Orangerie-Reinz
1980
Berlin, Galerie November
1981
Washington, Galerie Radicke
Minden, Galerie Fischer
Hamburg, Galerie Levy
1982
München, Galerie Rutzmoser
1983
Köln, Galerie Orangerie-Reinz

1979 bis 1981 Filmausstattung
»Fitzcaraldo«

Ausstellungen	Filmausstattungen	Theaterarbeiten
1984		Bühne und Kostüme zu »Dr. Faust« von F. Busoni, Teatro Communale, Bologna
1985 Düsseldorf, Galerie Vömel		
1987		Bühne und Kostüme zu »Lohengrin« von R. Wagner, Festspiele Bayreuth
1988 Köln, Galerie Orangerie-Reinz		Kostüme zu »Cosmopolitan Greetings« von R. Liebermann, A. Ginsberg; Oper Hamburg (mit B. Wilson)
1989 Bielefeld, Galerie Schnake Bayreuth, Galerie Altes Schloß Bayreuth, Schmidt Bank, Bühnen- und Kostümentwürfe zu »Lohengrin«		Inszenierung, Bühnenbild und Kostüme »Giovanna D'Arco« von G. Verdi; Teatro Communale, Bologna (mit W. Herzog)
1990 Münster, Galerie Schnake		Inszenierung und Bühnenbild »Fliegende Holländer« von R. Wagner; Staatsoper München
1991 Nürnberg, Galerie Voigt		
1992		Bühnenbild »Ein Sommernachtstraum« von W. Shakespeare; Teatro J. Cajetano, Rio de Janeiro Brasilianischer Beitrag zur ECO'92
1994 Köln, Galerie Orangerie-Reinz Tokio, Nissai-Theater		Gastprofessur an der Johannes-Gutenberg-Universität, Mainz Deutsche Erstaufführung »Freshwater« von Virginia Woolf Kammerspiele Mainz
		Bühnenbild und Konzept zu »Freischütz« von C. M. v. Weber; Nissai-Theater Tokio, Aichi Arts Center, Nagoja und Kobe (mit Isao Takashima)
1995 München, Galerie Charlotte München, Galerie Bernd Dürr		

Impressum

Herausgeber
Jürgen W. Müller

Konzeption und Gestaltung
TRESOR PUBLIC München

Lithos
Fotolitho Longo
Frangart

Druck
Brausdruck GmbH Heidelberg

Buchbinderei
Fikentscher GmbH Darmstadt

Copyright
Henning von Gierke

Auflage
1 000 Exemplare

I Vorzugsausgabe
100 Exemplare numeriert
und signiert mit
handbemaltem Umschlag,
farbige Tusche auf Seide

II Vorzugsausgabe
50 Exemplare in Antikbütten
gebunden, numeriert und
signiert mit je einer
Originalzeichnung, Aquarell
oder Farbstiftzeichnung.
33 Blätter sind im Buch abgebildet.
Verschiedene Formate,
von 50 x 60 cm bis 100 x 70 cm.

Verlag Edition Braus, Heidelberg

Buchhandelsausgabe
ISBN 3-89466-155-0
Vorzugsausgaben I, II
ISBN 3-89466-156-9